全球金融中心
华尔街

刘晓东　编著

吉林人民出版社

图书在版编目(CIP)数据

全球金融中心华尔街 / 刘晓东编著. -- 长春：吉林人民出版社，2012.4
　（青少年常识读本．第2辑）
　ISBN 978-7-206-08809-4

Ⅰ.①全… Ⅱ.①刘… Ⅲ.①金融市场－经济史－美国－青年读物②金融市场－经济史－美国－少年读物 Ⅳ.①F837.129-49

中国版本图书馆CIP数据核字(2012)第068220号

全球金融中心华尔街
QUANQIU JINRONG ZHONGXIN HUAERJIE

编　　著：刘晓东
责任编辑：田子佳　　　　　　　封面设计：七　洱
吉林人民出版社出版 发行（长春市人民大街7548号 邮政编码：130022）
印　　刷：北京市一鑫印务有限公司
开　　本：670mm×950mm　　1/16
印　　张：13　　　　　　　　　字　　数：150千字
标准书号：ISBN 978-7-206-08809-4
版　　次：2012年7月第1版　　印　　次：2021年8月第2次印刷
定　　价：45.00元

如发现印装质量问题，影响阅读，请与出版社联系调换。

华尔街由来

价值二十四美元的曼哈顿岛…………………………………002
由一面墙而得名的华尔街…………………………………004
美国第一任总统宣誓就职地………………………………006
咖啡屋中的原始交易………………………………………008
影响美国金融业的《梧桐树协议》………………………010
纽约证券交易所的正式建立………………………………012
伊利运河成为华尔街的血脉………………………………014
纽约黄金交易所的历史……………………………………016
华尔街的黑市：场外交易…………………………………018
道琼斯指数的发明…………………………………………020
从毁灭性的灾难中崛起……………………………………022
固定佣金制度的结束………………………………………024

华尔街兴衰

美国历史上的第一次崩盘…………………………………027
运河概念股牵动牛市………………………………………030
淘金狂潮使华尔街再度繁荣………………………………032

目录 CONTENTS

内战炮火激活了股市 ················034
美国总统求援 ····················036
摩根的杰作：合众国钢铁公司 ·········038
纽约证券交易所被迫闭市 ············040
华尔街为"一战"协约国筹资 ··········042
繁华过后的苍凉 ··················044
美国经济的"黄金时代" ·············047
1987年的"黑色星期一" ·············049
互联网泡沫的破灭 ················052
9.11事件重创华尔街 ···············054
雪上加霜的历史性灾难 ·············056

华尔街现状

具有变革意义的"金融超市" ··········060
投资银行：金融交易的桥梁 ··········062
决定上市公司命运的共同基金 ········064
金融界的"坏孩子"：对冲基金 ········067
"操盘手"的"即日套利交易" ·········069
超强的投资银行家 ················071
影响行情的证券分析师 ·············073

席卷华尔街的裁员浪潮……………………………075
激活经济的风险资本………………………………077
榨取最后利润的融资并购基金……………………079
华尔街上的三大投资流派…………………………081
进入华尔街的华裔精英……………………………083
华尔街的敲门砖："CFA"考试……………………086

华尔街建筑

三一教堂………………………………………………089
美国国家纪念馆………………………………………091
纽约证券交易所………………………………………093
纽约银行大楼…………………………………………095
美国信孚银行大楼……………………………………097
美国金融博物馆………………………………………099
摩根大楼………………………………………………101
大通曼哈顿银行大楼…………………………………103
特朗普大楼……………………………………………105
华尔街铜牛……………………………………………107

目录 CONTENTS

华尔街人物

华尔街之父:亚历山大·汉密尔顿 …………110
船长:范德比尔特 …………112
恶魔天才:杰伊·古尔德 …………114
华尔街女巫:赫蒂·格林 …………116
华尔街的拿破仑:J·P·摩根 …………119
华尔街巨头:雅各布·谢弗 …………122
骗子:查尔斯·庞齐 …………124
改革先锋:查尔斯·美里尔 …………126
华尔街教父:本杰明·格雷厄姆 …………128
股神:沃伦·爱德华·巴菲特 …………131
期货投机家:纳尔逊·亨特 …………133
套利大王:伊万·博斯基 …………135
垃圾债券大王:迈克尔·米尔肯 …………137
股票天使:彼得·林奇 …………140
市盈率鼻祖:约翰·聂夫 …………142
金融大鳄:乔治·索罗斯 …………144
华尔街"黄金眼":吉姆·罗杰斯 …………146
成长股投资策略之父:菲利普·费雪 …………148
成本管理大师:桑迪·韦尔 …………150

华尔街王中之王：史蒂夫·施瓦茨曼 ········ 152
保险业巨头：莫利斯·格林伯格 ············ 154
"庞氏骗局"玩家：伯纳德·麦道夫 ·········· 156
华尔街上空的鹰：安迪·凯斯勒 ············ 158

华尔街机构

华尔街日报 ································ 162
高盛公司 ·································· 164
摩根士丹利银行 ···························· 166
美林证券 ·································· 168
花旗集团 ·································· 170
凯雷集团 ·································· 172
KKR 公司 ·································· 174
美国证券交易委员会 ························ 176
房利美 ···································· 178
富兰克林邓普顿基金集团 ···················· 180
美国联邦储备银行 ·························· 182
雷曼兄弟公司 ······························ 184
贝尔斯登公司 ······························ 187
美国银行 ·································· 189

华尔街文化

快餐的起源······194
特殊的庆典方式：纸带游行······196
股票估值的文化背景······198

华尔街由来

  作为世界金融中心的曼哈顿岛，原本只是荷兰人用价值24美元的玻璃珠子和小刀，从印第安人手里买下的一小块殖民地，因其得天独厚的地理位置和荷兰裔移民的冒险精神，使其逐步繁华起来。而华尔街这个令世人瞩目的名字，却来源于一段用来御敌的城墙。汉密尔顿的金融政策催生了华尔街的证券交易，《梧桐树协议》的签订和纽约证券交易所的成立，标志着华尔街这一世界金融中心的诞生，伊利运河的开发和由此而产生的牛市，使得华尔街成为世界瞩目的金融中心，而道琼斯指数的诞生和纽约证券交易所制度的改革，则标志着华尔街凭借其自身能力不断完善并走向成熟。

价值二十四美元的曼哈顿岛

曼哈顿是纽约市的中心区，该区包括曼哈顿岛、依斯特河（即东河）中的一些小岛及马希尔的部分地区，总面积57.91平方公里，占纽约市总面积的7%，现有人口150万。纽约著名的百老汇、华尔街、帝国大厦、格林威治村、中央公园、联合国总部、大都会艺术博物馆以及大都会歌剧院等名胜都集中在曼哈顿岛。法国在19世纪赠送的自由女神雕像，矗立在曼哈顿岛的入口处。自由女神高擎火炬、手持宪法，看着一个世纪以来，来自全球各地的移民从这个地区进入，凝聚到这个多元、丰富和精力充沛的新世界中。

曼哈顿是美国的金融中心。在这个长约20公里、宽4公里的狭长区域里，进驻了大量的美国顶级金融机构和世界500强公司。在9.11事件之前，美国最大的500家公司中，有1/3以上把总部设在曼哈顿。7家大银行中的6家以及各大垄断组织的总部都在曼哈顿设立了中心据点。位于曼哈顿岛南部的"华尔街"是美国财富和经济实力的象征，也是美国垄断资本的大本营以及金融寡头的代名词。这条长度仅540米的狭窄街道两旁有近三千家金融和外贸机构。著名的纽约证券交易所和美国证券交易所均设于此。

曼哈顿岛四周环水，因此桥梁及隧道数量众多。这些桥梁及隧道对曼哈顿的发展贡献巨大。由于桥梁和隧道是民众往来曼哈顿及纽约其他城区之间的必经通道，因此每逢上下班的高峰时刻，桥梁和隧道反而变成了交通的瓶颈。

公元1609年，荷兰西印度公司代表亨利·哈德逊发现了曼哈顿岛这块地方。1626年荷属美洲新尼德兰省总督彼得，用价值24美元的玻璃珠子和小刀，幸运地从印第安人手里买下了曼哈顿岛。如果简单地从商业的角度来看待这场交易，当时的购买者无疑获得了巨大的利润，现在曼哈顿的物业价值已经达到2.4万亿美元；如果从历史的角度来看待这场交易，曼哈顿岛以后的变化，则成为美国资本主义制度发展的缩影。

由一面墙而得名的华尔街

地理意义上的华尔街，是位于纽约曼哈顿区南部的一段狭窄的街道。从百老汇延伸到东河，全长也只不过半公里。

华尔街，按照中文字面上理解，该是"美丽的街道"，或"繁荣昌盛的街道"，或"精英荟萃的街道"。其实这只是音译与现状造成的巧合。华尔街的英文名为 Wall Street。Wall 译为中文是"墙"，Street 则是"街道"的意思。如果直译，应该很确切地叫做"墙街"。而"墙街"的名字，也确确实实来源于一段用来御敌的城墙。

据《纽约城史》记载，现在的纽约最初是荷兰的殖民地，荷兰移民聚居在这里，并在这里建立了"新阿姆斯特丹"。"新阿姆斯特丹"位于曼哈顿岛前端，夹在两条航运方便的河流之间，是易于停靠船舶的天然深水良港，也是欧洲人登陆北美的主要门户。独一无二的地理优势，使这里逐渐成了繁荣的贸易中心。这使得在新英格兰的英国殖民者对它垂涎三尺，于是，一场争夺战不可避免地在英国人和荷兰人之间打响了。

为了防范敌人从陆路进攻，荷兰总督彼得·斯特文森下令，在城市的北部修建了一道城墙，形成了一道险峻而坚固的御敌屏障。

就像那个时代的很多指挥家一样,彼得在制订"新阿姆斯特丹"的防御方案时,竟然顾此失彼,忘了将海上的威胁考虑进来。1664年,当英国人最终攻打该城时,他们并没有如彼得所担心的那样从北部的陆地发起进攻,而是避实就虚,从南边驶向这个港口,将全城置于炮火之下,从火力上完全压倒了"新阿姆斯特丹"城堡的守军。

彼得临危不惧,准备与敌人决一死战。但是城里的商人,包括他自己的儿子,却不是这样想的。他们联名写了一份请愿书,恳求投降,以免城堡和他们的财富都在炮火中毁于一旦。犹豫再三之后,彼得最终同意了他们的请愿。第二天,他所深爱着的"新阿姆斯特丹"被命名为新约克郡,简称纽约,以此作为献给约克公爵的生日礼物。

那道已经毫无意义的城墙,很快就在岁月的风雨里剥蚀了,随着17世纪的结束,它也轰然倒塌,形成一块荒芜的空地。而在这块空地上形成的一条狭窄的街道,只被英国人简单地被命名为"墙街"。这样一个直白的乳名,后来被我们的文人润色为"华尔街"。

美国第一任总统宣誓就职地

美国建国时华尔街就闻名全美。美国第一届政府将纽约作为临时首都。1789年4月30日，乔治·华盛顿在纽约依据宪法宣誓就职第一任美国总统，当时的宣誓地点就在华尔街和宽街交界处的纽约市政大厅。当时的美国政府对纽约市政大厅进行了简单装修以后，将其命名为联邦大厅，并作为政府的临时办公地。美国首都迁都以后，原来的联邦大厅在19世纪30年代被拆除重建为现在的海关大楼。

在幸运地见证了美国建国这一伟大历史时刻之后，华尔街很快就成为美国金融商业的主要交易地点，这主要可以归功于美国第一任财政部长亚历山大·汉密尔顿所实施的美国金融政策。汉密尔顿主张通过建立全国性的信用机构使美国成为金融力量强大的国家。在说服了反对者之后，汉密尔顿开始着手实施这个伟大的计划。在汉密尔顿的协助下，美国纽约银行成立了。纽约银行的办公地点就在华尔街和威廉大街的交界处，其对面就是汉密尔顿的官邸。刚刚组建的纽约银行承担了美国中央银行的职责，发行了大量的国债和州政府债券。汉密尔顿的计划导致市场上出现了大量的可交易的证券，而华尔街则由于地理位置的优势，被经纪人选中作为这些证券的交易地点。

从华尔街的东段一直延伸可以到达东河。由于风向的原因，商船都愿意在曼哈顿东边靠港。商船所带来的货物仓储及货物买卖的业务，使得整条街道成为纽约市的商业中心，这个商业中心成为经纪人大展拳脚的伊甸园。后来，这些专门从事货物买卖中介服务的经纪人开始涉足证券市场，并很快成为这一市场的主角。可以说，这些经纪人是使华尔街成长为美国金融中心的最原始的生命基因。

第一届美国政府成功地使美国经济蒸蒸日上，大量的商业性和公益性的建设项目得以顺利开展，而华尔街凭借着靠近联邦大厅的优势，兴建了许多商业及公益性建筑，如著名的三一教堂、汉密尔顿的官邸以及纽约银行大楼。这时的华尔街已经初具美国金融中心的特点。

咖啡屋中的原始交易

美国刚建国的时候，还是一个以农业经济为主的国家，工业生产极端落后。当时的美国工业除了造船和生铁生产以外，几乎不存在任何超过工匠水平的制造业。由于独立战争的影响，美国的内、外债总额高达5 400万美元。为了摆脱困境，汉密尔顿实施了一整套筹集资金和偿还债务的财政扩张计划。美国政府首先开始发行新的纸币，用以取代原来的大陆币；然后美国政府又发行了联邦债券，募集了8 000万美元的资金，用于偿还债务和国家建设。

联邦政府的财政扩张计划导致了市场上出现了大量可交易的证券。在这些证券里面，最热门的是合众国银行的股票。合众国银行发行的股票由联邦政府认购20%，其余80%向公众出售。为了保证股权的分散性，每个投资者持有合众国银行的股票数量不得超过1 000股。由于有联邦政府的参与，合众国银行的股票带有国家信誉，因此当股票正式向社会公众发行时，不到一小时就销售一空。随后，合众国银行股票的价格一路攀升，带来了华尔街的第一轮牛市。

牛市带来了证券经纪人收入的增加，利润的驱使使得越来多的商人开始涉足证券经纪业务。当时，绝大多数经纪人都是单打独斗，没有自己的办公室，因此华尔街的各个咖啡屋成了理想的证券交易场所。

此时，一些有实力、有远见的经纪商开始筹划建立一个集中的证券交易场所。1792年冬天，唐提咖啡屋正式开张。唐提咖啡屋是由经纪人集资建成的营业场所，以股份公司的形式对外营业。当时唐提咖啡屋共发行203股股票，每股200美金。唐提咖啡屋对所有人都开放，但是只有股东和会员才能参与在咖啡屋内举行的证券拍卖活动。加拿大旅行作家约翰·兰伯特在1807年描述道："唐提咖啡屋里坐满了承销商、经纪人、生意人、交易商和政客，他们在那儿做买卖、中介和保险生意……一切都充满了生机和活力。"

唐提咖啡屋可以算是证券交易所的雏形，虽然其存在的时间较短，但是它所采用的会员制和证券集中交易的模式，为后来纽约证券交易所的运营提供了实践样板。

影响美国金融业的《梧桐树协议》

在美国建国之初,证券市场的繁荣导致了大量证券经纪人加入华尔街。这些证券经纪人各自为战,为了增加自己的收入,他们竞相降低自己的佣金标准,一些违背诚信的欺诈行为也时有发生。

一些规模较大的经纪商感到了无序竞争的危害,开始联合起来规范经纪人的行为。一开始,经纪商约翰·萨顿和他的合伙人本杰明·杰联合其他一些经纪人,决定在华尔街22号建立一个拍卖中心,并把这个中心称为股票交易所。约翰·萨顿希望通过这个体系来建立一个安全有序的证券交易市场。但是约翰·萨顿的努力失败了,许多外围的经纪人参加拍卖会只是为了获知最新的股票价格,他们一离开拍卖中心后就在外面出售同样的股票,收取更低的佣金。这样一来,一些原来在场内的经纪人为了保证自己的利益,不得不在场外进行交易,这使得原本混乱的证券市场变得更加杂乱无序。鉴于上述情况,建立一个统一的证券交易市场迫在眉睫。

1792年3月21日,场内经纪人的巨头们在克利斯酒店聚会,筹划建立一个新的拍卖中心。吸取以往的教训，新拍卖中心的交易者将通过签署一个协议来互相约束。1792年5月17日，美国纽约市的21家证券经纪商和3家证券经纪公司在华尔街68号门外的一棵梧桐树下签订了如下协议："我们，签约者，作为买卖公共证券的经纪人，特此庄严承诺并彼此保证：在从今往后的交易中，无论对任何人，无论买卖任何证券，都将以不低于交易额0.25%的比率提取佣金，而我们之间彼此交易时，则相互切磋，给予优惠。"这就是美国证券史上著名的《梧桐树协议》，协议中的两个重要原则——"股票经纪人只能与其他经纪人进行交易"和"股票交易佣金不得低于0.25%"，在以后相当长的一段时间内成为美国股票交易所的基本原则。

"梧桐树协议"被认为是美国金融业为了排除政府的影响，进行行业自律的开始。1791年，"威廉·杜尔投机案"发生，许多纽约市民的财产遭受到损失。在此背景下，各家经纪商决定，通过协商的方式制定公共管理条例，实现金融市场的自我约束，这样既可以平息公众的愤怒，同时又可以避免政府介入对行业的管制。

华尔街68号的那棵梧桐树，在签订协议时便已有了几百年的历史，从此以后它成为世人公认的华尔街的标志。虽然这棵梧桐树在1865年6月14日被暴风雨所刮倒，但是华尔街金融中心这棵"大树"已经根深叶茂并不断地发展壮大。

纽约证券交易所的正式建立

在美国建国10年后，尽管华尔街的证券交易市场在不断地进行自我完善中成长，但是华尔街的证券市场只能算是美国第二大证券市场。1790年至1800年，美国政府将首都迁到了费城。随着首都的搬迁，代理中央银行职能的合众国银行以及后来批准设立的第二合众国银行的总部也落户到了费城。由于有大银行的支持，费城理所当然地成了当时美国的金融中心，费城的证券交易所的组织结构也是全国最完善的。

1812年，美国第二次独立战争爆发。为了筹集战争经费，美国政府发行了巨额联邦债券。当时，美国全国证券市场交易的国债数量，由1811年的450万美元增加到了1815年的1 270万美元，导致华尔街的证券交易量大幅度增加，1817年3月8日，华尔街的经纪人参照费城的成功经验，起草了一份与"费城交易所"章程几乎一模一样的章程，并按照新的章程，将原先的经纪人委员会改组为"纽约股票交易委员会"，分属7个公司的28名经纪人，成为该委员会的首任会员。

华尔街经纪人新章程的诞生，标志着纽约证券交易所的正式成立。比照《梧桐树协议》，新章程对会员资格的认定和防止市场操纵都做出了具体的规定。比如：要想成为纽约证券交易所的新会员，必须具有一年以上经纪业务的经验，并且由现有的所有经纪人投票，来决定是否批准其加入，3张反对票就可以将一个候选人拒之门外；证券交易成交后的第二天必须进行交割；两个或更多的经纪人在他们自己之间进行"对敲"的交易行为，也是被明文禁止的。

新章程签订之后，当时的"纽约股票交易委员会"在华尔街40号大楼的第二层，以每月200美元的租金租用了新的办公场所。这样，纽约第一次有了真正意义上的股票交易所。1865年，"纽约股票交易委员会"的名称变更为"纽约证券交易所"，并一直沿用至今。

虽然当时纽约证券交易所的交易规模在全国屈居第二，但是随后而来的伊利运河大开发，成了当时美国新的经济增长点，而位于华尔街的纽约证券交易所，也借此机会一跃成为全美第一大证券交易所。

伊利运河成为华尔街的血脉

美国是一个幅员辽阔的国家，在19世纪以前，在美国大陆上进行货物运输是一件非常困难的事情。一般情况下，大宗货物的长途运输主要依靠河流来完成，而美国东部海岸的河流只有很短的距离适合大型货船航行。美国独立以后，大部分居民居住于阿巴拉契亚山脉东面，而美国的大部分国土则位于山脉以西。在解决美国内陆交通运输问题之前，中西部农场主的产品想要运输到山脉以西，必须经过英国或西班牙控制的殖民地，缺乏安全保障。华盛顿总统曾经这样评价美国的交通问题："西部居民的忠诚'悬于一线'，因为他们的经济利益更多地依靠新奥尔良①和蒙特利尔，而不是东海岸。"由此可见，修建伊利运河是当时美国政府的一个伟大决策。

当时美国的技术条件非常落后，全国找不到一个合格的土木工程师。纽约州州长克林顿带领一群由律师、数学教师和业余工程师组成的"乌合之众"，利用短短8年的时间，在1825年修通了这条美国经济的大动脉。伊利运河全长584公里，连接伊利湖和哈德逊河。运河的河道宽12米、深1.2米、落差170米，整条运河需要83道水闸。运河修通后，美国中西部的农产品可以通过伊利湖、伊利运河、哈德逊河以及美国广阔的东部沿海航线，顺利地到达东部各个城市，一举扭转了美国东西部经济分隔的局面。

伊利运河所带来的商业价值是非常令人瞩目的。在运河开通前，布法罗②一吨面粉的价格是40美元，将这吨面粉运到纽约的运输费用是120美元，这样一来，当面粉到达纽约的时候，价格相当于原来的4倍。运河开通后，一吨面粉的运输成本只有6美元，只是原来运输成本的1/20。伊利运河修通后，纽约商业开始繁荣起来。1800年，美国外来商品有9%通过纽约港进入美国，到了1860年，这个比例已经跃升到62%。伊利运河所带来的另一个直接影响是纽约市的人口出现大规模增长，1820年，纽约市的人口为12万人，到了1860年，纽约市的人口达到了108万人。

纽约市商业的繁荣和人口的增长，促进了华尔街经纪人队伍的壮大。伊利运河的成功修建，引发了美国投资者对运河概念证券的狂热，国内资金蜂拥云集在运河概念股中。远在欧洲的资本家精明地发现了运河给美国经济带来的新的动力，纷纷加入到华尔街的投资大军里来。实际上，当时美国的许多运河公司的股票被伦敦的银行所控制。正如一位美国国会议员所说的那样："以前，美国金融市场的晴雨表悬挂在伦敦交易所；而今天，世界所有金融市场的晴雨表都悬挂在美国的华尔街上。"

纽约黄金交易所的历史

1860年，林肯当选为美国总统。这位来自美国北方的共和党人，虽然不是解放黑奴的倡言者，但是他多次在公开场合表示"蓄奴不人道，反对扩大蓄奴"，林肯总统的言论，在一向以奴隶来发展产业的南方各州中引起了强烈的反对。当时，北方人民对于南方这种奴隶制度也产生了仇视心理，双方开始出现矛盾。林肯当选为总统后，在其政纲中提及的"保护关税"及即将实施《宅地法》的政策，将大大削弱南方奴隶主的利益，这使得南卡罗来纳州在1861年宣布退出联邦，而南方各州亦纷纷响应，脱离联邦，并成立"美利坚联盟"，推举来自肯塔基州的杰斐逊·戴维斯为总统。两个月后，南方政府开始发动武装起事，北方政府被逼应战，南北战争爆发。

战争实际上是由金钱堆出来的。战争的最后胜利者总是属于能够将经济实力转化为军事实力的一方。美国南北战争期间，北方政府和南方政府都面临着极度的财政困难。北方政府的国库中甚至没有足够的钱来支付议员的薪水。为了取得内战的胜利，北方政府采取了3种办法筹集战争经费——增加税收、债券融资和发行"绿背纸钞"。

"绿背纸钞"的发行给华尔街带来了意想不到的影响。由于"绿背纸钞"和金币同时流通，可以互相自由兑换，因此经济规律中的一个叫做"劣币驱逐良币"的格莱欣姆法则发生了作用。金币似乎一夜之间被消费者收藏了起来，市面上流通货币几乎全部都是"绿背纸钞"。由于居民向政府缴税的时候必须用金币支付，因此黄金交易开始蓬勃发展起来。一开始，黄金交易在纽约证券交易所进行，但是黄金的价格走势却与北方军队的胜败完全相反，交易所认为投机者的这种行为不够爱国，于是在1862年停止了黄金交易。为了满足对黄金交易的日益增长的需求，场外经纪商在吉平新闻办公室内开辟了一个新的黄金交易场所，由于交易商的疯狂投机和诈骗行为的出现，黄金交易一度被政府所取缔。

政府重新允许黄金交易之后，华尔街上一些具有远见的经纪商开始筹划建立一个规范的黄金交易市场。1864年10月，J·P·摩根、利维·P·莫顿、贺瑞斯·克拉克会同华尔街股票交易所的一些会员，创建了纽约黄金交易所。纽约黄金交易所后来又被称为"黄金屋"。据当时的人回忆说，"黄金屋"就像一个"阴冷潮湿充满怪味的大洞穴"。"黄金屋"里面有一个巨大的钟形表盘，表盘上面的指针用来标度黄金的即时交易价格，指针每动一下，就会有黄金投机商发财或者破产。对于那些神经脆弱的人来说，"黄金屋"使他们望而却步。

黄金交易所的建立，再一次证明了华尔街在金融市场上的强大的组织能力和创造力，这种特殊的自身能力，使华尔街能够不断地抓住机会走向辉煌。

华尔街的黑市：场外交易

美国南北战争期间，北方政府的财政部委托年轻的投资银行家库克协助发行联邦债券。库克想出了一个聪明的办法，就是将联邦债券的面值缩小到50美元，让美国普通的工薪阶层有能力购买联邦债券。库克的策略带来了空前的成功，联邦债券的销售速度比政府战争花钱的速度还要快，许多美国的工薪阶层成了国债的持有者。南北战争结束后，美国证券持有人的数量从原来的占总人口的1%增加到了5%。

随着大量的债券交易和大量的债券持有者的加入，华尔街的金融资本急剧增加，华尔街历史上最繁荣的牛市即将来临。1865年，华尔街的证券交易量已经达到60亿美元。正如迈得伯瑞所说："在华尔街上的证券经纪人，每天可以赚取800~1 000美元的佣金。全国的居民似乎都加入到了这个行业中，经纪人办公室里挤满了人，纽约从来没有像现在这样繁荣过。"

这时，位于华尔街的纽约证券交易所，已经成为名副其实的全国第一大证券交易所，但是一个强大的竞争对手在其身边悄然出现，令纽约证券交易所感到坐立不安。纽约证券交易所承袭以前的传统，每天在上午10点半和下午1点举行两次证券拍卖，在这两个时间以外，交易所不进行任何证券交易。纽约证券交易所的这种制度显然不能满足巨大的交易需求。这个时候，证券的场外交易（俗称"黑市"）开始涌现出来。场外交易起先只是在地下室进行，被人们戏称为"煤洞交易所"。"煤洞交易所"的成交量很快超过了纽约证券交易所。1864年，"煤洞交易所"重组为"公开经纪人交易所"，第二年其成交量就达到了纽约证券交易所的10倍之多。"公开经纪人交易所"所采用的拍卖方式是非常先进的，也就是我们现在所说的"连续竞价交易"。"公开经纪人交易所"的交易商，每天可以在交易大厅的指定位置进行不同证券的交易（这些指定的位置就是我们现在所说的"席位"），每天的交易时间从交易所营业开始到营业结束，中间没有间断。这种连续竞价的交易方式，可以使人们准确及时地知道证券的市场价格，也带来了交易量的迅速增加。"公开经纪人交易所"虽然只存在了5年时间，但是它所做的变革产生了深远的影响。一些"公开经纪人交易所"先进的管理思想如"连续竞价交易"和"席位制度"，仍然被现代的交易所沿用。

在"公开经纪人交易所"出现的同时，华尔街又相继出现了"矿业交易所"和"石油交易所"。"矿业交易所"里面主要交易矿业公司的股票，"石油交易所"里的主要交易对象则是石油开采业的公司。

在诸多交易所的竞争中，纽约证券交易所的垄断地位受到了极大的冲击，交易所的组织者们开始意识到了危机。为了生存，纽约证券交易所的变革势在必行，随着先进的"连续竞价交易制度"和"席位制度"的引入，纽约证券交易所又一次凭借其自身的努力走到了时代的前列。

道琼斯指数的发明

19世纪90年代，华尔街中的金融机构开始构建现代商业的运营模式。华尔街的银行成立了大型的清算所，为经纪商提供快捷的证券交割服务；一些大型的证券经纪商，也开始成立自己的后台部门从事证券结算业务。这些变革所带来的成果，直到今天仍然是维持华尔街稳定运行的重要支撑。

在当时华尔街所有的变革里面，最具有重要意义的是"道琼斯指数"的发明。当时的纽约证券交易所里面有130亿美元的证券在挂牌交易，虽然许多报纸每天都公布股票的收盘价格，但是市场整体的涨跌却不易得知。查尔斯·道——一个只读过小学、靠自学成为经济学家的人发明了"道琼斯指数"。道琼斯指数一开始只有两个指数——"铁路股票价格指数"和"工业股价平均指数"。"铁路股票价格指数"通过筛选出来的20种铁路股票每天收盘价格的算数平均值来计算，"工业股价平均指数"利用筛选出来的12种大型工业公司股票收盘价的算数平均值来计算。通过这种简单的统计方式，纽约证券市场每天的涨跌情况一目了然。"道琼斯指数"每天通过查尔斯·道所创办的《华尔街日报》发布，凭借"道琼斯指数"的威力，《华尔街日报》成长为美国发行量最大的报纸。后来，道琼斯指数被不断地完善。现在，纽约证券交易所发布的道琼斯指数系列一共包括4种指数：以30家著名的工业公司股票为编制对象的"道琼斯工业股价平均指数"、以20家著名的交通运输业公司股票为编制对象的"道琼斯运输业股价平均指数"、以6家著名的公用事业公司股票为编制对象的"道琼斯公用事业股价平均指数"和以上述3种股价平均指数所涉及的56家公司股票为编制对象的"道琼斯股价综合平均指数"。在上述指数中，最常用的是"道琼斯工业股价平均指数"。

"道琼斯指数"在1896年5月26日首次公布，当时的"道琼斯工业股价平均指数"为40.94美元。现在的"道琼斯工业股价平均指数"是以1928年10月1日为基期，因为这一天收盘时成分股收盘价格的平均数恰好约为100美元，所以就将那一天定为基准日。而以后股票价格同基期相比计算出的百分数，就成为各期的股票价格指数，所以现在的股票指数普遍用"点"来做单位，而股票指数每一点的涨跌就是相对于基准日的涨跌的百分数。"道琼斯指数"是目前世界上影响最大、最有权威性的一种股票价格指数，为了保持指数的代表性，道琼斯公司对成分股经常进行调整，用具有活力的更有代表性的股票替代那些已经失去代表性的股票。自1928年以来，已经有了30次更换，几乎每两年就要有一个新公司的股票代替老公司的股票。值得一提的是，在最早构成道琼斯工业股票平均指数的12家公司里，只有通用电气公司至今仍然留在指数中。

现在，"道琼斯指数"已经成为华尔街金融文化中不可分割的元素。对于史学家而言，"道琼斯指数"是无价之宝。那些对"道琼斯指数"的发展和传播起到重要作用的人将名垂史册，他们是：查尔斯·亨利·道、爱德华·戴维斯·琼斯和查尔斯·密尔福特·伯格斯特里瑟。

从毁灭性的灾难中崛起

1929年到1939年这10年，可以说是西方资本主义国家灾难深重的10年。在这段期间里爆发了全球性的经济危机，史称"大萧条"。危机以农产品价格下跌为起点，以随之而来的金融市场大崩溃为高潮，形成了经济产出大幅下降和金融市场崩盘的恶性循环的局面。"大萧条"使美国经济全面陷入毁灭性的灾难之中，可怕的连锁反应相继发生：由于疯狂的挤兑，导致银行倒闭；工厂关门，导致工人失业；由于贫困的来临，国内有组织的抵抗时有发生；国家陷入内战的边缘。

1932年，富兰克林·罗斯福当选美国总统，上任伊始就竭尽全力应对危机。当时的华尔街就像一个守旧排外的私人俱乐部，拒绝外来力量对其行为进行监管。虽然一些有远见卓识的银行家意识到了改革的必要性，但是他们的意见受到了保守势力的压制。当罗斯福政府提出对华尔街进行改革的意见后，华尔街分化为两大阵营。第一大阵营是以老约瑟夫·P·肯尼迪（肯尼迪总统的父亲）为首的温和派，他们欢迎在保障华尔街利益的前提下做出改革；第二大阵营是保守派，以当时纽约证券交易所总裁惠特尼为首，拒绝改革。为了避免与政府更进一步地发生冲突，惠特尼和纽约证券交易所决定自己先动手来改革华尔街上那些有问题的行为。交易所委员会投票通过法令："禁止坐庄，禁止内幕交易。"由于保守派的百般阻挠，美国政府未能完成对华尔街的彻底改革，华尔街似乎堕落为美国经济的绊脚石。

后来，事情发生了戏剧性的变化。保守派的领导者惠特尼被发现挪用公款，从一个在华尔街呼风唤雨的人物一下子变成了阶下囚，保守派的势力被彻底瓦解。联邦政府迅速抓住了这一有利时机，对华尔街进行了彻底的改革。政府责成纽约股票交易所颁布了一份新的章程，彻底改变了华尔街价值观和行为准则。新的章程规定：交易所具有公共职责，不再仅仅为会员的利益服务；交易所接受政府机构——"证券交易委员会"的管理；会员公司保证金的比例由"证券交易委员会"来确定；交易所会员对会员公司定期进行严格的审查，会员公司的债务被限定在运营资本的15倍以内；经纪商的自营业务和经纪业务必须分离；卖空只有在股价上升时才能进行。

华尔街的这场改革具有划时代的意义。改革使得华尔街的利益与美国的经济利益相一致，华尔街的投机行为得到了政府的有效监督。改革之后的几十年里，华尔街一直是世界金融市场的样板。

固定佣金制度的结束

进入20世纪以后，华尔街无论在技术上还是在观念上，都发生了翻天覆地的变化。

在华尔街刚刚进行证券交易的时候，为了将价格信息传递到费城，人们设立了旗语站，就像中国古代的烽火台一样，证券的价格信息通过旗语进行传递。当时，信息传递到费城的时间需要半个小时。后来华尔街利用电报来传递信息，使传递的效率大大提高。电话的发明又给华尔街带来了一场技术革命，通过电话可以在城市之间实现价格实时传递。当时在场内的经纪人主要依靠喊话、手势、纸和笔来完成交易，场外的人员则依靠股票报价机吐出来的纸带来了解市场行情。电脑技术发展起来以后，纽约股票交易所交易大厅进行了重新装修，大厅里面布满了显示器，显示器上闪烁跳动的数字，每分每秒都在向人们如实地报告瞬时的股票价格变化，世界各地的人们都能通过电脑网络来了解华尔街上所发生的事情。

如果说技术上的革命让华尔街焕发了青春，那么观念上的革命则为华尔街带来了进步和活力。虽然在过去的岁月里，华尔街几经改革，但是私人俱乐部的行为方式并未得到认真的反思。纽约证券交易所的会员们仍然按照《梧桐树协议》的主要内容来设定固定佣金，无论他们的客户有多大，在佣金问题上谁也不敢越雷池一步。虽然华尔街的名气使其有能力凌驾于任何顾客之上，然而外面的世界却对华尔街的垄断地位发起了挑战。首先对华尔街发起挑战的是场外柜台交易。电子技术的发展使得买卖双方在任何时间、任何地点都能直接完成交易。由于柜台交易不需要向交易所缴纳任何费用，因此它能够提供比在交易所大厅里更好的价格。1971年2月5日，"美国证券交易商自动报价系统"（即"纳斯达克"）开始正式投入运营。"纳斯达克"市场拥有近八百家经纪商，提供2400种未上市证券的交易服务。由于采用先进的科技和灵活的佣金制度，"纳斯达克"市场的交易量迅速增加。随着纽约证券交易所市场份额的迅速下降，华尔街开始警觉了。

1975年5月1日，《梧桐树协议》签订183年之后，固定佣金制度在华尔街上寿终正寝。几年以后，伦敦交易所也开始采取浮动佣金制度。浮动佣金制度降低了证券交易的成本，作为世界上最大也是最有影响力的交易所，纽约证券交易所这种大胆变革的勇气，是其保持并扩大领先优势的强大工具。

华尔街兴衰

　　华尔街的第一次崩盘是由杜尔的投机所致。那个时候,华尔街的投机商就懂得利用信用紧缩来操纵市场。真正使得华尔街在证券交易规模快速上升的牛市是由伊利运河的成功开发所导致的,这场牛市使华尔街第一次发挥了资本配置这一要素市场的主要功能。在此之后,美国经济的每一次波动都会在华尔街得到充分的反映,华尔街是名副其实的美国经济的"晴雨表"。华尔街的发展壮大使得美国经济收益匪浅。凭借华尔街的力量,克利夫兰政府成功地战胜了"黄金危机",美国钢铁行业和铁路行业也在华尔街的整合下发展壮大。华尔街成功地利用了"贪婪"和"恐惧"这两大投机心理,引导金融资本不断地投向高效率行业,这使得美国经济得以持续快速发展。

美国历史上的第一次崩盘

美国建国以后，联邦政府的第一任财政部长汉密尔顿开始着手建立以银行为主导的全国金融系统。汉密尔顿希望通过银行来吸收社会储蓄，然后将钱投放到国家建设之中。银行的另一大作用就是代理政府发行联邦证券。汉密尔顿的计划是成功的，通过一系列金融运作，美国的经济蒸蒸日上。

汉密尔顿的金融计划在华尔街掀起了一轮投资热潮。当时华尔街上最抢手的股票是合众国银行的股票。合众国银行是联邦政府参股的"准"中央银行，凭借其特殊地位，合众国银行的股票在上市流通后价格节节攀升，最高价格达到了191美元一股，比照发行价格上涨了91%。除了合众国银行的股票以外，"纽约银行"、"纽约州的百万银行"以及"坦慕尼银行"的股票也受到了市场的追捧，华尔街掀起了最早的一轮投机浪潮。华尔街的"玩家"在这轮投机里大显身手。在这些投机者里面，最引人注目的就是威廉·杜尔。

威廉·杜尔，1747年出生于英国，在美国独立战争爆发的时候，杜尔站在了反抗英国的一边。美国独立以后，杜尔被任命为财政部部长助理。与正直诚实的汉密尔顿不同，杜尔是一个善于钻营、善于利用上层关系来谋取利益的人。1791年底，杜尔开始与他人合伙进行股票投机。杜尔提供内幕信息，合伙人出资金，双方利益均分。杜尔一开始就利用合伙人的资金买入纽约银行的股票，随后偷偷地利用自己的资金卖空纽约银行的股票，这样一来，无论纽约银行的股票是涨是跌，杜尔都能获利。在忠诚和金钱面前，杜尔毫不犹豫地选择了后者。在当时，杜尔还说服了纽约最有权势的家族——利文斯顿家族也加入了卖空的行列。

当时市场传闻纽约银行将与合众国银行合并的消息时，许多纽约银行股票的多头祈盼着这种消息能够变为现实。随着合并的传闻越传越广，杜尔开始全力买入纽约银行的股票。杜尔凭借其积累的上层关系，开始在华尔街四处借钱。不久之后，杜尔就成了市场多头的狂热代表。杜尔的行为激怒了原先一起和他做空纽约银行股票的利文斯顿家族。利文斯顿家族使出了杀手锏，他们开始从银行提取黄金白银，迫使银行回收资金。利文斯顿家族的行为引发了一轮人为的信用紧缩，使得纽约市的资金拆借利率达到每日1%。

利文斯顿的釜底抽薪使杜尔和华尔街的多头们遭受了灭顶之灾。原来争先恐后借钱给杜尔的人开始要求杜尔还债。1792年3月23日，杜尔由于欠债不还而入狱，并在监狱里结束了余生。杜尔入狱后，市场陷入一片恐慌之中，股价一路狂跌。一天之后，纽约市就有25家公司破产，就连引发这轮紧缩的利文斯顿家族也有人破产。

华尔街第一次崩盘带来的直接后果就是大量的银行破产。当杜尔案尘埃落定之后，纽约市只剩下两家银行——纽约银行和合众国银行在纽约的分行。美国建国初期繁荣的金融市场被投机者毁灭。这次崩盘带来的另一个影响就是杰斐逊主义开始占据上风。在杰斐逊主义的倡导下，美国开始限制银行业的发展，这导致华尔街在相当长的一段时间内不得不自己订立规则和程序，在摸索中前进。

运河概念股牵动牛市

华尔街的第一轮牛市始于1825年，结束于1836年，这轮牛市得益于伊利运河的成功修建。1825年，伊利运河的正式开通使美国打开了东西部的贸易通道。贸易的发展和工业技术的革命使美国经济迈入了快速发展的轨道。

随着商业机会的不断涌现，对未来前景玫瑰色的幻想引发了华尔街的投机高潮。当时，市场上最受欢迎的股票理所当然地是"运河概念股"，华尔街的玩家乃至欧洲的投机商都对"运河概念股"趋之若鹜。除此之外，银行类股票和保险公司的股票也受到了热烈的追捧。当时华尔街的市场容量仍然很小，纽约证券交易所上市的公司只有38家银行、32家保险公司、4家铁路公司、4家运河公司和3家天然气公司。那个时候，道琼斯指数尚未发明，我们只能通过一些现象来领会华尔街第一轮牛市的繁荣：牛市的第一个特征是股价飞涨，当时华尔街有一个叫莫里斯运河的股票，其发行价格是每股10美元，股票上市一个月内价格就飞涨到每股185美元；牛市的第二个特征是成交量大增，牛市到来之前，纽约交易所的日均成交量为100股，牛市之中，交易所的日均成交量达到6 000股。

华尔街第一轮牛市的历史可谓一波三折。1835年12月16日，一场席卷纽约市的大火将华尔街的建筑烧毁殆尽。当时，幸好一名勇敢的交易员从火中抢出了交易所的交易记录，这才使得华尔街的证券交易未受火灾的影响而中断。火灾并未阻止住华尔街牛市的脚步，几个月后，市场又恢复了以往的繁荣。

1836年，对投机深恶痛绝的杰克逊总统对美国经济狠狠地踩了一脚"刹车"。在当时，美国的法定货币是由联邦政府发行的金币和银币（又称为"铸币"），此外，市场中还流通着各大银行所发行的"银行票据"。这些银行票据虽然不是由政府发行的，但是在当时起到了"准货币"的作用。由于银行贷款是以"银行票据"的形式发放到借款人的手中，借款人用银行票据去购买土地、股票等资产，因此这些"银行票据"在当时扮演了"纸币"的角色。

1836年7月，杰克逊总统不顾国会的反对，强行推出了《铸币流通令》，规定政府向公民出售土地的时候只接受金币和银币。法令一出台，持有银行票据的投资者纷纷要求兑换金银币，造成了银行不得不面临支付危机的局面。更令市场雪上加霜的是，1837年，联邦政府开始将原先存放在各银行的政府财政盈余提取出来，交给各州政府使用，这一举措导致了美国金融市场的全面崩溃。这次崩溃在历史上被称为"1837年的恐慌"。在这次崩溃中，美国全国850家银行中有343家宣布关闭，62家破产。华尔街的第一轮牛市就这样惨淡收场了。

淘金狂潮使华尔街再度繁荣

虽然人们常说股票市场是经济的晴雨表，但是经济的增长往往不是股票市场牛市的直接动因。牛市的形成必须要受到利好消息的强烈刺激。华尔街又一轮牛市的刺激因素则是"黄金"。

1848年12月8日，一个美国水利工程师在加利福尼亚发现了金矿。这一美国历史上的重大发现，立刻引发了一轮狂热的淘金浪潮。金矿不仅令美国人感到振奋，还给美国经济注入了新的活力。当时，美国采用的是"金本位"制，市场上流通货币的数量受到黄金储备的制约。随着新开采的黄金大量流入经济领域之中，美国又引发了新一轮的工业革命和金融扩张。在当时的美国经济领域中，铁路、银行、生铁、煤炭以及纺织行业已经成为经济的支柱，货币供应量的增加使得上述行业的新公司如雨后春笋般地涌现了出来。

金矿所带来的激情在华尔街也得到了宣泄，市场交投开始活跃，股票的购买意愿增强。实际上，华尔街的这轮牛市并未产生过多的泡沫。由于新上市证券的数量大量增加，股票价格比照1837年恐慌的时候并未上升多少。这轮牛市最大的特征就是交易量激增。1865年，整个华尔街的交易量已经达到了每天7万股的水平。华尔街到处洋溢着欢乐的气息。在这轮投机浪潮里，有些人一夜暴富，有些人则沦为赤贫。当时的一位投机者用一首打油诗描述了他在华尔街的经历：

星期一，我开始经营房地产公司；

星期二，不管怎样我还欠人100万；

星期三，我的富丽堂皇的宫殿开始修建；

星期四，我开始了全新的幸福生活；

星期五，我举办了盛大的舞会；

星期六，破产了——我又一无所有。

华尔街的新富们掀起了一轮奢侈品的消费高潮，男人们购买豪宅和高档家具，女人们购买丝绸和钻石等昂贵而没有任何实用价值的东西。

1857年，繁荣的经济已经开始出现了衰退的迹象。加利福尼亚的黄金产量已经趋于平稳，美国棉纺织行业的出口陷入了萎缩，华尔街则遭受到了一系列事件的打击：首先是"密歇根中央铁路公司"总裁的辞职引发了华尔街对铁路股票的恐慌，大量铁路股票被争相抛售；时隔不久，俄亥俄州的一家银行破产，许多储户的资金化为乌有。1857年9月，一艘装有160万美元黄金的美国客轮在好望角沉没，欧洲国家受到消息的影响开始从美国抽回资金，美国银行则开始停止支付黄金。上述一系列事件重创了华尔街，华尔街又一次步入了熊市。

在那段困难的日子里，华尔街上一半的经纪商走向了破产，原来人满为患的纽约证券交易所又有席位出售了。

内战炮火激活了股市

1862年到1873年，华尔街经历了美国历史上最繁荣的牛市。与以往的牛市不同，这次牛市的起因则是美国的南北战争。南北战争开始的时候，联邦政府的财政非常困难，为了筹集战争经费，财政部长甚至屈尊亲自到华尔街借款。当时的华尔街尚未从"黄金牛市"的后遗症中恢复，财政部的借款让华尔街不堪重负。幸运的是，当时陪伴财政部长去纽约的是一个叫库克的投资银行家。库克想出了一个办法，将联邦债券的面值降低到50美元，发行的对象由原来的银行转变为美国的工薪阶层。库克的策略取得了空前的成功。到战争结束时，联邦政府卖国债的速度比花钱的速度还要快。

库克的策略不仅为联邦政府解决了财政难题，还给华尔街带来了新一轮的牛市。由于在全国证券持有人的比例大幅度地增加，导致大量的资金和证券加入到华尔街金融市场中来，华尔街的证券市场人气高涨。投资者已经意识到战争将旷日持久，政府大量的支出将流向铁路、钢铁、纺织、军工等行业，这些行业的景气度将持续高涨。大量的资金开始追逐这些热门股票，华尔街最繁荣的牛市开始了。

随着大量资金的涌入，华尔街的交易量激增，证券经纪人的好日子开始了。那时，在华尔街最时髦的举动就是成立各式各样的股票交易所，拉上几个会员，选定几种证券，交易所就宣告成立了。大多数诸如此类的交易所都是昙花一现，有一定规模并被历史所记载的交易所有："公开经纪人交易所"、"矿业交易所"和"石油交易所"。那个时候，华尔街的经纪人不只满足于在交易所营业的时间内进行交易，当交易所下班后，经纪人则转到纽约北城进行夜间交易，有一段时间，纽约可以24小时进行证券交易。

投机的热情终有消退的一天，牛市也终有结束的时候。结束华尔街这轮牛市的人还是库克。由于成功地替联邦政府筹集了战争资金，库克成为当时华尔街最负盛名的银行家。南北战争结束后，库克虽然在美国仍然享有很高的声誉，但是他所经营的银行却遇到了麻烦。当时库克的银行正在资助"北太平洋铁路"的修建，这条铁路的投资就像一个无底洞，虽然库克为其担保发行了一亿美元的债券，但是还满足不了这条铁路的资金需求，库克银行最终陷入了严重的财务困境之中。1873年9月18日，库克银行在纽约的分行宣布停止营业，不久其在费城的总行也被迫宣布停止营业，美国当时最显赫的银行破产了。这个消息像炸弹一样在华尔街炸开了，惊慌失措的经纪人不计成本地抛售手中的股票，华尔街上市公司的股价遭到了重创。在市场疯狂的抛压下，纽约证券交易所在9月20日宣布无限期休市。虽然纽约证券交易所在9月30日重新开市，但是华尔街又一次步入了熊市。库克银行破产所带来的连锁反应也使美国经济步入了长达6年的衰退期。

美国总统求援

1894年，美国货币市场陷入危机，导致这场危机的主要原因是当时联邦政府错误的货币政策。

南北战争结束之后，美国的货币体系重新回归到金本位制。那个时候流通的金币和金币券的数量完全是以国库中的黄金储备为标准的。面值1美元的金币可以兑换1.6038克纯金。在金本位制度的引导下，联邦政府开始停止铸造银币，由于白银逐步退出流通领域，美国经济中的货币数量严重不足。在货币短缺的时代，日子最难过的是美国的农场主和采矿业者。他们原先从银行的贷款是以纸币或白银的形式给付的，现在则需要用昂贵的黄金来还债。在金本位制度下，利益受到损害的群体开始利用罢工向政府抗议。美国国会为了化解压力，要求财政部每个月购买200~400盎司白银，然后按照16∶1的比例将白银铸造成银币，也就是说，法定的黄金和白银的兑换比例是每16盎司白银兑换1盎司黄金。另外，随白银流通的银币券也可以兑换黄金。随着美国中西部地区以空前的速度开采银矿，白银与黄金的市场价格下跌到每20盎司白银兑换1盎司黄金。这样一来，经济中"劣币驱逐良币"的格莱欣姆法则又一次发挥了作用。人们开始使用银币而将金币收藏起来，黄金如涓涓细流从国库不断流出。随着美国经济陷入衰退，欧洲的央行开始从美国提取黄金，一艘艘装着黄金的船从美国开往欧洲，这给美国的黄金储备带来了致命一击。

1894年，美国国库的黄金储备跌到了1亿美元以下。虽然美国财政部先后两次发行了总价值为1亿美元的债券，但是到了1895年1月底，国库中的黄金储备只剩下了4 500万美元。

虽然当时华尔街的投资银行家的领袖J·P·摩根对此深表忧虑，并表示"愿意尽一切努力帮助美国政府化解这场黄金危机"，但是克利夫兰总统却把希望寄托在美国国会上。克利夫兰总统要求国会授权财政部再次发行黄金债券，但是国会却犹豫不决。1895年2月5日，摩根来到了克利夫兰总统的官邸，此时的总统仍然拒绝与摩根讨论黄金危机的对策。这时，财政部长接到了一个电话，得知国库的黄金储备只剩下900万美元了。摩根告诉总统，他知道此刻就有向财政部要求提取黄金的1200万美元的汇票，在这种情况下，即使国会授权发行债券，将来政府也将面临无法偿付的窘境。克利夫兰总统沉默片刻，终于向摩根问道："你有什么建议？"在这一刻，华尔街真正成了一个金融巨人，就连美国总统也要向华尔街求援。

摩根建议由他和华尔街上的一些投资银行到欧洲去筹集1亿美元的黄金储备，以此来平衡黄金向国外的流出。果然，不负众望，由摩根和洛希尔银行在欧洲发行的债券瞬时销售一空，摩根还通过套利等手段维持美元汇率的强势。到了1895年6月，美国国库的黄金储备稳稳地停在了1.075亿美元。

摩根的杰作：
合众国钢铁公司

进入20世纪初，美国已经成为世界第一经济强国。美国的棉花、小麦、玉米、石油、钢铁等产品畅销欧洲，华尔街也与伦敦金融中心趋于一体化，共同决定着世界金融市场的命运。在美国迈向工业化国家的进程中，华尔街的银行家们起到了重要的作用。当时的华尔街已经具备了左右一个行业的发展进程的能力。

1900年12月12日，在纽约的一个大学俱乐部里，来自卡耐基钢铁公司的年轻总裁查尔斯·施瓦布正在接受一项颁奖。当主持人邀请他讲几句话的时候，施瓦布在那些美国工业和金融界巨头的面前滔滔不绝地讲了一个小时。坐在施瓦布旁边的J·P·摩根则陷入了深深的思考当中。根据施瓦布的演讲，如果美国钢铁行业来一个大合并，组建一个资产规模最大，同时也是最高效的钢铁公司，那么就可以充分地享受到规模经济和专业分工的优势，从而击败英国和德国的钢铁公司，称霸世界。在晚宴结束后，摩根将施瓦布叫到一边，详细地讨论了施瓦布战略的可行性。摩根知道，事情的关键在于钢铁大王卡耐基。

高尔夫球在美国是一项昂贵的运动，许多美国有权势的人喜欢在高尔夫球场谈生意，卡耐基也喜欢打高尔夫球，摩根决定以此为突破点。摩根巧妙地安排了一场与卡耐基的友谊赛，当卡耐基赢得了这场比赛后，摩根提出了收购卡耐基钢铁公司的想法。出人意料的是，卡耐基立即答应了摩根的要求，并愿意以4.8亿美元的价格把他的钢铁公司出售给由摩根组织的财团。摩根立刻祝贺卡耐基成为世界上最富有的人。

1901年，美国钢铁公司正式成立。美国钢铁公司是由11个钢铁公司合并而成的，它的总资产为14亿美元，是美国历史上第一个资产超过10亿美元的公司。美国钢铁公司是一个纵向型的托拉斯，它不但控制钢铁厂，还涉足铁矿公司、轮船公司和铁路公司。

摩根的才能在华尔街备受赞誉。当时的华尔街流行着这样一个幽默的段子：老师问学生，是谁创造了世界？一个小男孩回答说："是上帝在公元前4004年创造了世界——但在公元1901年，世界又被摩根先生重组了一回。"

纽约证券交易所被迫闭市

20世纪的第二个10年，欧洲的帝国主义国家陷入了战争危机。政治、经济以及殖民利益的冲突，使得欧洲大陆变得像火药桶一样，战争一触即发。1914年6月28日，奥匈帝国的王位继承人斐迪南大公在萨拉热窝被一个塞尔维亚的民族主义者刺杀，这直接导致了1914年7月28日奥地利对塞尔维亚的宣战，第一次世界大战爆发了。

华尔街对第一次世界大战的爆发时间似乎预测得最为准确，在7月27日（大战爆发的前一天）华尔街的股价开始放量下跌，许多投资者抛售股票兑换黄金。第二天，当战争的消息传来后，华尔街的股票继续下跌，成交量增加到了102万股，市场上黄金的价格一路上扬。由于部分欧洲的交易所宣布闭市，华尔街和伦敦交易所成为投资者抛售股票的主要场所。7月30日，纽约证券交易所开市后，疯狂的卖单将股价指数向下打压了近25%，当天晚上纽约证券交易所的管理层开会讨论是否应该闭市。第二天一大早，伦敦交易所宣布闭市，华尔街至此已别无选择。如果纽约证券交易所继续开市的话，那么几乎全世界的卖单都将集中到华尔街上。实际上，当天准备在纽约证券交易所开市后抛售的卖单已经堆得像小山一样高了。在交易所召开的紧急会议上，绝大多数管理层同意闭市，以观事态的发展。当华尔街的总裁随后征求了 J·P·摩根和美国财政部部长的意见后，纽约证券交易所宣布闭市。交易所的闭市决定是正确的，因为当战争爆发后，投资者本能的反映就是抛售股票和提取黄金。在交易所闭市的几天内，美国多家银行遭到挤兑，短短的两个星期之内，储户从银行提取了7 300万美元的黄金。

纽约证券交易所的闭市使华尔街的经纪人失去了收入，一些经纪人开始在场外进行交易。华尔街似乎一夜之间又回到了《梧桐树协议》的时代。当时国内规模比较大的场外交易在波士顿、芝加哥和费城开展，但是受到纽约证券交易所的强烈压制，这些场外交易的报价不能在报纸上公布。纽约证券交易所后面那条狭窄的新街也是交易的地点，每天大约有100名经纪人在那里进行场外交易。

1914年11月28日，纽约证券交易所决定恢复债券交易，12月12日，交易所允许对少部分股票进行交易，交易中不允许卖空。1915年4月，纽约证券交易所完全恢复了正常运作。

第一次世界大战是欧洲的灾难，欧洲国家长期享有的世界金融霸权结束了，"美国世纪"开始了。

华尔街为"一战"协约国筹资

第一次世界大战刚开始的时候，美国经济遭受了一次由恐慌导致的危机。但是时隔不久，美国经济步入了空前的繁荣。由于美国处在战火以外，是世界上最安全的国家，因此欧洲大量的黄金又流回美国避险，美国国库中的黄金储备增长达到了历史高峰。美国经济也由于"一战"而受惠：由于欧洲大量的农民被征召入伍，整个欧洲的农业歉收，导致美国大量的农产品出口欧洲，仅1915年前4个月，美国出口欧洲的小麦就达到了9 800万蒲式耳，是战争前一年出口量的6倍；美国的钢铁行业也接到了协约国的大订单，美国伯利恒钢铁公司仅一次就从英国得到了1.35亿美元的订单；以生产炸药为主的杜邦化学公司为协约国提供了大约40%的军需品。虽然在"一战"开始的时候，华尔街曾因恐慌而闭市，但是重新开市不久，华尔街就迎来了新一轮牛市。

华尔街的重要作用在"一战"期间发挥得淋漓尽致，华尔街上的主要投行承担了为协约国筹集资金和采购战争物资的重要任务。1915年2月15日，摩根银行与英国政府签约，成为英国政府在美国采购的总代理，在战争期间，摩根银行一共为英国采购了

30亿美元的军需品。

战争期间，英国的国防预算增加了36倍，为了维持战争，英国政府每天需要花费500万英镑。1915年9月，英国代表来到摩根银行商谈一笔贷款，总额达到5亿美元。摩根银行组织了由61家承销商组成的团队，在华尔街成功地筹集了这笔资金。以后华尔街采用承销团的形式多次为协约国筹集战争经费。除此之外，华尔街还消化了英国政府出售的股票。在战争之前，英国政府对英国人投资美国股票所获得的股息征收所得税，这笔税收可以用美国股票来缴纳，到战争开始的时候，英国政府已经积累了大约30亿美元的美国股票。为了筹集战争经费，英国政府需要在华尔街出售这些股票。为了防止华尔街由于大量抛售而出现价格跳水，摩根银行巧妙地将这些股票分批地运回华尔街出售，而华尔街则迅速地消化了这些股票。1917年4月，美国宣布参战。联邦政府也依靠华尔街出售"自由债券"来筹集战争经费。华尔街采用当年库克的方法，将债券向普通工薪阶层公开出售，在战争债券的发行推介会上，华尔街还请来了好莱坞的巨星道格拉斯·费尔班克斯和玛丽·璧克馥到场助兴。

第一次世界大战最大的受益国是美国，而在美国受益最大的莫过于华尔街。此时的华尔街已经远远地将老对手伦敦抛在了身后，成为世界金融体系中的太阳。

繁华过后的苍凉

1921年到1928年，美国经济处于稳定发展时期，华尔街的牛市持续了将近八年的时间。1929年美国劳工节后（每年9月的第一个星期一）开盘的第二天，股市就开始下跌。以后一段时间里面，股市的下跌有时比较猛烈，有时比较温和，以前快乐的持续上涨变成了阴郁的持续下跌，美国一些敏感的投机家开始退场观望。1929年10月18日（星期五），华尔街股市开始放量下跌，第二天股市也不见好转。这个时候虽然还有乐观主义者在报纸上发表对市场看好的观点，但是华尔街投资人的心里已经转向悲观。10月21日（星期一）这一天，纽约证券交易所有600万股票易手，创下了历史天量，下跌股票的数目远远超过上涨股票的数目。10月23日（星期三），市场进一步下跌，再次创下了600万股的成交量，市场上的大型蓝筹股遭到了大规模抛压。

在连续大成交量下跌的打击下，华尔街的投资信心彻底崩溃。投资者不约而同地作出了相同的决定——"卖出股票"。10月24日开盘之前，全美各地经纪公司的卖单堆积如山，开盘钟声响过以后，股票就以前所未有的速度易手，股价狂跌。那些进行保证金交易的投资者被强行平仓，整个上午股票都在空头无情砸盘的情况下迅速贬值。10月24日那天上午，股票的市场价值蒸发了95亿美元。

鉴于情况危急，华尔街的大型投行决定联手托市，他们一共筹集了2 000万美元，委托纽约证券交易所购买蓝筹股。当天下午，纽约证券交易所的总裁惠特尼来到了美国钢铁公司股票交易的柜台前，询问最后一次的卖出价格，当得知价格为205美元的时候，惠特尼宣布："我出205美元的价格买进1万股。"接着惠特尼走向一个又一个柜台前，像刚才那样下买单，购买那些质地优良的股票，直到2 000万美元全部用光为止。华尔街的救市举动稳住了下跌的股市，空头开始停止抛售转而购进股票。10月24日那一天，纽约证券交易所的成交量达到了1 300万股。股票市场稳定了几天之后，在10月29日那天市场又一次暴跌，卖单像雪崩一样倾泻下来，华尔街上的所有人似乎都变成了卖家，当天股票的成交量达到了1 600万股。华尔街的这场下跌在11月13日才暂时止住，这场下跌将前两年所积累的收益全部吞噬。

随着股票市场的崩溃，美国经济随即全面陷入了"大萧条"之中，可怕的连锁反应很快发生：疯狂挤兑、银行倒闭、工厂关门、工人失业、贫困来临。农业资本家和大农场主大量销毁"过剩"的产品，用小麦和玉米代替煤炭做燃料，把牛奶倒进密西比河，使这条河变成了"银河"。城市中的无家可归者用木板、旧铁皮、油布甚至牛皮纸搭起了简陋的栖身之所。而街头上的苹果小贩有许多从前是成功的商人和银行家。"大萧条"期间约有200~400万中学生辍学，许多人忍受不了生理和心理上的痛苦而自杀，社会治安日益恶化。在"大萧条"时期，美国的失业人口总数达到了830万。在美国各城市，领救济食品的穷人排成了长达几个街区的队伍。西方各国为了维护本国的利益，加强了贸易保护，这进一步加剧恶化了世界的经济形势，从而间接地导致了第二次世界大战的爆发。

华尔街的股票市场在经历了1930年短暂的反弹之后继续下跌，到1932年6月8日，道琼斯工业股票平均指数下降到了41.22点，与1929年的最高点相比，指数跌幅达到89.19%。道琼斯工业股票平均指数又回到了1896年刚刚诞生时的位置，整整一代人的努力付之东流。

美国经济的"黄金时代"

"大萧条"持续了10年之后,美国经济又一次凭借"第二次世界大战"恢复了生机。由于远离战火,美国经济充分享受到了战争带来的巨大需求。"二战"期间,美国一共生产了6 500艘军舰、29.64万架飞机、86 330辆坦克、350万军用车辆、5 300万吨级的货轮、1 200万支步枪以及700万吨炮弹。在1940到1944年间,美国经济扩张了125%。在战争期间,美国实行了严格的计划经济,消费品的生产被严格控制,经济完全为战争服务。当二战结束之后,美国人利用在战争期间的储蓄和战争债券上的收入开始购买住房、汽车和家电,被压抑已久的消费热情终于爆发了出来。从1940年到1965年这段时间,美国经济在世界上一枝独秀,被人们称为美国经济的"黄金时代"。

在美国经济出现繁荣的时候,华尔街却一直置身于其外。1949年,道琼斯工业股票平均指数收在了200点,以当时的价格购买股票,4年之后就能收回本金。"大萧条"给华尔街留下的记忆是长期的,它改变了整整一代人的投资观念。华尔街想要再度步入牛市,需要新一代投资者的加入。这个时候出现了两位能够改变华尔街未来命运的人物,一位是美里尔·林奇,一位是本杰明·格雷厄姆。

美里尔·林奇成立了美林证券公司。一开始，美林证券就将连锁经营的思路带到了公司经营中。美林证券组建了强大的证券分析师队伍，这些分析师通过遍布在全国各地的美林证券的分支机构，为投资者提供专业化的投资建议。在美林证券的努力下，新一代的投资者开始加入进来，成为华尔街的新鲜血液。

本杰明·格雷厄姆是哥伦比亚大学的教授，他以善于选股而闻名。他的学术专著《证券分析》，系统地介绍了如何利用财务和管理的知识在股票市场投资，将华尔街从原来投机欺诈的荒蛮时代，引到了科学理性的文明世界，这本书后来被奉为"投资者的圣经"。

当新一代的投资者成长起来后，华尔街迎来了久违的牛市。1954年1月，股票市场开始出现了强劲的上涨趋势，道琼斯工业股票平均指数在当年的12月份冲破了"大萧条"之前所创造的高点——381.17点，华尔街又一次沸腾了。在20世纪50年代剩下的日子里，华尔街股票呈现了稳步上涨的局面，年成交量也达到了10亿股。当时，"电子概念股"是投资的热门品种，一些优质股票给投资者带来了难以置信的回报。此后，一直到60年代中期，华尔街的股票一直处于上涨的走势，直到1966年道琼斯工业股票平均指数达到1 000点大关为止。

1987年的"黑色星期一"

  1987年10月16日（星期五），在连续创出新高后，道琼斯指数下跌108.35点，跌幅为4.5%，指数报收2 246.74点。由于时差的原因，美国东岸开市时间较其他各主要金融市场晚。当纽约股市暴跌时，其他市场已经休市，因此并未被波及，再次交易需要等到下星期一。10月19日（星期一），悉尼股市首先开市，交投平稳未见异常。随后香港股市开市，受到上星期五华尔街大幅下跌的影响，香港股市开盘即向下跳空120点，到中午收市的时候下跌了235点，跌幅达到了6%。香港股市的下跌带动了各亚太地区股市的下跌。欧洲股市也受到了上星期五美国股市下跌的影响，出现了大幅度的回落。当天，美国股市开盘时，其他市场已经闭市，全球市场全面下跌的信息在华尔街引起了恐慌。纽约证券交易所一开盘，道琼斯工业股票平均指数就少了67点，霎时间卖单蜂拥而来，100点~200点~300点~400点，随着指数的直线下滑，越来越多的卖单排队等待交易，市场像一辆没有制动装置的列车一样滑向深渊。当天收市后，道琼斯工业股票平均指数下跌了508点，跌幅达到了22.62%，当天道琼斯工业股票平均指数为1 738.41点。

10月19日晚上，美国总统里根立即召回在西德访问的财政部长贝克和在外地的联储主席格林斯潘，严密关注事态的发展，一起商讨对策。星期二早上，美国联邦储备委员会主席发表了具有历史意义的讲话："为履行作为中央银行的职责，联邦储备系统为支持经济和金融体系的正常运作，今天重申将保证金融体系的流动性。"这句话实际上是支持银行为股票交易商继续发放贷款。两家主要商业银行也马上宣布降低优惠利率。化学银行迅速增加4亿美元的证券贷款。银行家信托公司也表示，在任何情况下都会保证客户的资金需要。里根总统和财政部长贝克分别表示，这次股市崩盘与美国健康的经济是不相称的，美国经济非常稳定。随后，美国的各大商业银行纷纷降低利率。采取了这些措施之后，10月20日（星期二），股票指数上升了102.27点，10月21日（星期三）比20日又回升了186.94点，10月22日(星期四)收盘价比21日又下降了77.42点，10月23日（星期五）股指微升了0.33点，报收于1 950.76点。

"黑色星期一"的第二天，香港联交所为了避免受到冲击，宣布停市4天，当10月26日（星期一）香港股票开盘后，恒生指数"报复性"地下跌了 1 120.70点，跌幅达到33.31%。香港股市的补跌又一次带动了华尔街的下跌。10月26日这一天，道琼斯工业股票平均指数下跌了156.83点，跌幅达到了8%，指数报收1 793.93点。

最后的冲击结束之后，美国股市才趋于稳定。事后总结这次暴跌的原因，经济因素被排除在外。由于美国经济在此期间未出现大的动荡，所以本次暴跌的原因与经济因素无关，事实上暴跌也未对美国经济产生冲击。暴跌的原因有三点：一是"羊群心理"，在市场下跌时，投资者出现了集体性恐慌，非理性的杀跌产生了共振；二是"程式交易"，由于各大投行普遍采用计算机辅助交易决策，当市场下跌达到一定幅度时，计算机按照事先设定的止损程序发出卖出指令，导致大量的止损盘出现；三是"金融一体化"，世界上的主要金融市场互相影响，互为参照对象，当一个市场出现问题时，其他市场不能独善其身，这样就产生了一个自我恶性循环的"反馈效应"。

"黑色星期一"在世界金融史上留下了重重的一笔，现在它已经作为一个专有名词被收入大英百科全书。

互联网泡沫的破灭

20世纪的80年代到90年代初期，人类文明进入了计算机革命的时代。电脑凭借其无与伦比的优势，很快进入了千家万户。与电脑有关的行业也实现了快速的成长。

机会似乎很快就出现在投资者面前。1995年，互联网的出现激起了投资者的遐想。刚开始的时候，人们只看到互联网具有免费出版及即时的世界性资讯等特性，但是后来随着网上的双向通讯功能的实现，开启了电子商务这一新兴商业模式。这些新概念迷住了不少投资者，他们认为这种以互联网为基础的新商业模式将会兴起。在风险基金的参与下，一些"网络"公司如亚马逊公司、eBay、世通公司、eToys、Freeinternet.com、Webvan以及雅虎公司开始在纳斯达克上市。这些公司大多数处在风险极高的创业期，它们的经营模式则是尽可能地"烧钱"——即通过广告和公共关系等手段创造品牌来吸引客户，为以后的盈利奠定基础。虽然这些公司大多数利润微薄，甚至亏损，但是迫不及待的投资者开始在互联网公司充满公关色彩的商业计划书的诱惑下抢购互联网公司的股票，市场上掀起了一股"互联网概念股"的投机热潮。由于大多数"互联网概念股"没有利润，投资者抛弃了传统的市盈率估值方法，采用"市销率"和"点击率"①作为替代。在新估值理论的指导下，一些没有任何前景的网络公司的股价也快速上升，整个纳斯达克市场的平均市盈率达到了60倍。华尔街凭借二百多年经验所积累起来的谨慎意识荡然无存。随着投资气氛逐渐转为狂热，拥有大量"互联网概念股"的美国纳斯达克综合指数，从1996年的1 000点一口气上升到2000年初的5 048点，道琼斯工业股票指数也上升到了11 722点。

当市场的疯狂达到了高潮之后，一些醒悟过来的投资者开始退出市场。2000年初，纳斯达克市场在创出新高之后开始崩盘，到2000年年底的时候，纳斯达克综合指数最终下跌到了2 500点。在随后的几年里，原来市场上最受欢迎的20家"互联网概念股"中，有近一半的公司破产或退市。

9.11事件重创华尔街

9.11恐怖袭击事件，在美国东部时间2001年9月11日上午（北京时间9月11日晚上）发生于美国本土。恐怖分子通过劫持多架民航飞机，采用自杀袭击的方式冲撞纽约曼哈顿世贸大厦和华盛顿五角大楼。这场恐怖袭击造成了包括美国纽约地标性建筑——世界贸易中心双塔在内的6座建筑被完全摧毁，其他23座高层建筑遭到破坏。在9.11事件中，共有2 998人死亡。9.11事件在美国及全球产生了巨大的影响。这次事件是继第二次世界大战期间珍珠港事件之后，历史上第二次对美国本土造成重大伤亡的袭击。该事件导致了此后国际范围内的以多国合作的方式所进行的反恐怖行动。

9.11事件给纽约金融中心造成了巨大的打击，在短短的一个小时里面，纽约金融区罹难的人数超过了2 500人，毁掉的办公面积比大部分美国城市整个城市的办公面积还多。华尔街的许多大楼都受到波及，数月之内无法使用。许多设在世界贸易中心的大型投资公司丧失了大量的财产、员工及数据资料。全球许多股票市场受到了影响。9.11事件发生后，纽约证券交易所闭市长达4天之久。纽约证券交易所重新开市后，道琼斯工业平均指数在第一天就下跌了14.26%，其中跌幅最严重的是旅游、保险与航空类股票。华尔街上的投资银行在9.11事件以后开始搬离拥挤的曼哈顿城区，现在的曼哈顿正在逐渐地被改造成高档居住区。

作为世界主要的金融市场，9.11事件发生不久，华尔街就从危急中迅速地恢复过来。纵观历史，华尔街经历了恐慌、战争、骚乱、恐怖主义和其他磨难，每一次华尔街都能吸取教训，渡过危机。华尔街的这种强大的生命力，正是一个世界金融中心所应具有的品质。

雪上加霜的历史性灾难

在2000年华尔街"网络股"泡沫破灭之后，许多人预测美国经济将陷入一轮衰退。然而，由"网络经济"衰退所带来的空缺，很快被火热的房地产市场所填补，美国经济在此后的几年里仍然保持着较快的增长速度。

这一奇迹的创造者是前任美联储主席格林斯潘。格林斯潘一直奉行着美联储在处理危机中所形成的经验——"当市场危机时，开闸放水，注入资金"。格林斯潘领导的美联储，在网络泡沫破灭后连续大幅度地调低基础利率，通过中央银行向市场注入资金，为当时摇摇欲坠的美国经济注入了新的动力。格林斯潘并没有将上述优良的成绩保持到卸任。当美国经济稳定之后，美联储本来应该调升利率，收回过多的资金，但是格林斯潘行动迟缓，导致美国经济出现资金过剩，引发了美元贬值和全球性的通货膨胀。

在低利率和过剩资金的驱使下，美国房地产市场十分火热，大量的以房屋按揭贷款为对象的金融衍生产品充斥于美国的金融体系。当新任美联储主席伯南克上任后，面对美元贬值和通货膨胀的压力，开始调高基础利率，收回过剩的资金，从而导致"次贷危机"爆发。

"次级贷款"是一种金融创新。商业银行为了获得新的资金，将原有的住房按揭贷款集中起来，以发行债券的形式在市场上出售。为了使这些债券具有吸引力，银行采取了如下措施：将这些债券分为两个级别，一部分（大约占95%）是优先偿还的债券，被称为"优先级债券"；另外一部分只有在"优先级债券"偿还完成之后，如果还有剩余资金的时候再偿还，这部分债券被称为"次级债券"。"优先级债券"在评级时往往被评为AAA级，而"次级债券"则被评为BBB级。"次级债券"因为具有较高的风险，因而提供的利率较高。次级债券被精心包装后，摇身一变成为了抢手货，华尔街上的许多金融机构抢购"次级债券"，并以此作为抵押，形成了5~10倍的债务。

在格林斯潘的低利率时代，一切都是那么美好，住房按揭贷款的债务人有能力每月偿还贷款；当伯南克调升利率后，贷款人的债务成本骤然增加，按揭贷款的违约率大幅度上升。大量房产由于债务人的违约被银行收回，这些房产在当地拍卖又引发了房价的下跌。

当第一张多米诺骨牌被推倒后，接踵而来的倒塌是不可避免的。华尔街上的投资银行面对着巨大的债务，突然发现手中的"次级贷"变得一文不值。"次贷危机"演变成了新一轮的"金融危机"。最先倒下的是华尔街上第五大投行——贝尔斯登银行，由于在次级债券上的巨额投资，贝尔斯登银行资产减值420亿美元，最后被摩根大通银行以象征性的10亿美元收购。几个月之后，有158年历史的华尔街第四大投行雷曼兄弟银行受"次贷危机"的波及出现巨额损失，因无法背负6 130亿美元的债务而宣布破产。与此同时，世界上最大的投行之一的美林证券失去了独立的地位，被美国银行收购。一个月之后，华尔街投行的领袖——摩根斯坦利银行和投行中的"贵族"——高盛公司宣布转型为商业银行以求自保。这样一来，原在华尔街上先叱咤风云的投资银行终于寿终正寝了。"金融危机"爆发后，华尔街股票出现了暴跌，道琼斯工业股票指数由2007年的14 164点下跌到2008年的7 500点，投资者损失严重。

为了维持金融市场的稳定，小布什政府公布了一个7 000亿美元的救市方案，但是有65%的美国民众反对。美国民众指出：大银行先是主张资本主义式的放任型扩张，现在出了事却要以社会主义的方式掏国库的钱救助这些大银行的资本家们；与此相对应的则是民众失业、信用破产，甚至失去住房。除此之外，国际上也有一些学者认为，"7 000亿美元的救市"根本远远不够。

这场"金融危机"现在正演变为世界范围内的"经济危机"。经济学家对这场危机的评价是：全球经济将在未来5年里处于衰退的状态。

华尔街能否逃脱此劫，现在还是一个未知数。

华尔街现状

华尔街为世界投资者提供了一系列的金融产品和服务,这些产品和服务包括:共同基金、融资并购、发行承销、行业研究、商业保险、资金信贷、票据结算以及证券交易。提供这些金融产品和服务的机构则是证券经纪商、投资银行、商业银行和保险公司。在20世纪70年代,金融行业的混业经营极大地提升了行业效率,由此而产生了一大批从事"金融超市"业务的金融控股集团。华尔街上的金融从业人员被冠以"基金经理"、"投资银行家"、"操盘手"和"证券分析师"等名号,他们这些人是维持华尔街正常运行的精英。

具有变革意义的"金融超市"

莱维特刚从哥伦比亚大学商学院 MBA 毕业，一年前他在华尔街找到了一份年薪 10 万美元的工作。在努力工作之余，他准备为自己和家庭的未来做一些必要的安排。莱维特来到了花旗银行在纽约的营业网点，花旗银行的客户经理林区热情地接待了他。莱维特告诉林区，他想按揭贷款购买一辆 VOLVO-S80 轿车作为代步工具，为自己和太太购买一份人寿保险，为刚出生的女儿选择一份教育基金，为自己办一张消费信用卡，另外他还想用去年所得的奖金购买一份收益较高的投资组合产品。林区告知莱维特，所有这些业务都可以在这个网点办理。

花旗银行这种经营模式被称为"金融超市"。在美国，"金融超市"是大型金融机构经营的主要模式。散布在街头的金融网点，可承接几乎所有的常规金融业务。当消费者进入多功能的"金融超市"后，就如同进入一个超级商场。从信用卡、外汇、汽车及房屋贷款，到保险、债券，甚至纳税等各种金融需求，都可以得到满足。消费者只要到商业银行就可以购买开放式证券投资基金。股市行情以及汇市行情在银行里也能见到。如果要进行交易，所有的结算在这里都可以一次性办妥。

"金融超市"是美国金融行业在特定时期制度变革的产物。在20世纪70年代，由于石油危机和浮动汇率，美国经济陷入了"滞涨"①的局面。为了解决上述困局，里根政府采取了放任型的金融政策，打破了行业禁区，允许银行、证券和保险行业混业经营。

原先美国的法律规定：投资银行、商业银行和保险公司只能在自己的领域里经营，不能突破行业禁区。在华尔街上，以股票、债券的发行和交易为主要业务的投资银行早就垂涎商业银行储蓄业务带来的大量资本，但是受限于行业禁区，它们不得不采用类似"货币市场账户②"等迂回的策略挖商业银行的墙角，而商业银行不得不以提高利率来对应。行业之间的激烈竞争导致了风险增加和利润下降。当行业禁区被打破之后，银行业、保险业和证券业的相互兼并浪潮出现了。现在的花旗集团、摩根大通银行以及瑞士信贷集团等金融大鳄，都是通过混合兼并而成为集储蓄、证券、保险以及信托为一体的综合性的金融公司。

金融行业的混业经营所带来的直接好处是方便了消费者，消费者多样化的金融需求可以在"一站式"的服务中得到满足。混业经营带来的间接好处是，不同类型的金融产品可以放在一起，通过组合和分解的方式创造出更多的新产品，这使美国金融市场成为世界上最具创造力的市场。

投资银行：金融交易的桥梁

在华尔街中，投资银行是整个金融交易的中间人，是金融交易的灵魂和金融市场的缔造者。如果从其开展业务的角度来认识投资银行的话，它包括众多的资本市场活动，即公司融资、股票的销售和交易、资产管理、投资研究以及兼并和收购顾问业务。

公司融资业务是投资银行所有业务中最赚钱的业务。当一家公司需要在华尔街以发行股票或债券的方式进行融资的时候，它需要找到一家投资银行来主持完成这个复杂的工作。投资银行首先根据这家公司的财务特点制定出包括发行方式、发行规模、发行价格以及发行时间等一系列解决方案；然后组建一个业内团队，利用其所掌握的销售渠道和客户群体完成销售任务。完成销售任务后，投资银行往往会获得相当于融资总金额1%~3%的报酬。一个几十亿元的大型项目完成后，投资银行通常会有几千万元的收入，而这一过程往往是由几个人组成的小组来完成的。华尔街上的三大投行如摩根斯坦利银行、高盛银行和美林证券每年都能在公司融资业务上赚取十几亿美元的利润。

股票销售和交易业务即"经纪人"业务，是华尔街投资银行的传统业务。这项业务是通过在买方和卖方之间充当中间人来赚取佣金的。与传统的商业交易不同，证券经纪业务的买卖双方无需见面，通过投资银行和交易所的电脑系统即可完成交易。华尔街上的每家投资银行都拥有大量的客户，这些客户的买卖指令通过投资银行的电脑系统汇总到交易所并由交易所撮合成交，而投资银行则根据成交的金额来提取佣金。在华尔街上，股票销售和交易业务规模较大的投资银行有：美林证券、花旗银行和摩根大通银行。

资产管理业务是投资银行风险较高的业务。投资银行可以为企业管理年金，为养老基金提供投资组合管理，为普通投资者提供开放式基金。资产管理业务对股票和债券市场进行直接投资，为了尽可能地保证投资利益，华尔街的投资银行组建了大型投资研究团队，通过详尽准确的宏观经济研究、行业研究和上市公司研究来获取投资的第一手资料，为资产管理业务提供决策依据。在华尔街上，资产管理业务和投资研究业务规模较大的公司有：高盛公司、摩根斯坦利公司、瑞银信贷第一波士顿公司。

兼并和收购顾问业务是近年来投资银行发展起来的新业务。并购部门的财务专家负责对收购对象进行全面细致的分析，并以此为依据为客户提供详细的操作方案。当并购业务是"敌意收购"的时候，并购部门还要派出策略专家对对手的目的、偏好乃至弱点进行充分研究，形成最有效的行动策略。兼并和收购顾问业务往往能够带来公司融资和资产管理的业务，因此它是现代投资银行的新的利润增长点。在兼并和收购顾问业务中，高盛公司和摩根斯坦利公司一直占有优势。

决定上市公司命运的共同基金

如果你看好股市的长期回报,而你又没有时间和精力来处理具体的投资事务,那么购买"共同基金"是最好的选择。在英语中,"共同基金"被译为mutual fund,mutual的意思是"联合",而fund有"控制"的含义。"共同基金"就是把许多人的钱集中起来进行专业化投资运作。如果你购买了"共同基金",那么相当于你雇用了这家基金公司专业的研究团队和经验丰富的基金经理。这些专业人士将竭尽全力地为你的投资回报负责。由于"共同基金"吸收了大量的社会资金,规模庞大,所以在其投资中往往会购买几十种证券,这种做法达到了分散风险的目的。因此对于非专业人士来说,购买"共同基金"是一个明智的选择。

共同基金按照资金管理方式可以分为"封闭型基金"和"开放型基金"。"封闭型基金"设立后,基金份额不允许改变,投资者需要在证券市场上来完成对"封闭型基金"的买卖。"开放型基金"的总份额随着投资者投入资金的数量而变化,开放型基金一般不能在证券市场交易,投资者可以向基金管理公司购买或赎回。

由于"共同基金"得到了广大投资者的认可,在美国,有

80%的个人投资者将钱交给共同基金管理。共同基金的数量接近一万只,资产规模超过10万亿美元。可以说,美国华尔街上的投资竞争是在共同基金之间展开的。华尔街上的评价机构每年都列出"共同基金"投资业绩的排行榜,如果一家基金能够连续5年处于前5%的位置,那它将会受到投资者的热烈追捧,基金的规模也会急剧扩大。例如,富达基金管理公司的麦哲伦基金,在彼得·林奇担任基金经理期间,连续19年业绩超过标准普尔指数,基金规模急剧扩大到130亿美元,每100个美国人里就有一个购买了麦哲伦基金。

在激烈的竞争中,"共同基金"为了吸引客户,形成了风格迥异的投资模式。有的基金专门投资风险较高的成长型股票,被称为"成长型基金";有的基金则专门投资现金分红较高的股票,被称为"收益型基金";还有的基金独辟蹊径,专门投资小型上市公司,被称为"小盘股基金"。而实际上,决定"共同基金"投资业绩的则是基金管理团队的能力。基金管理团队一般是由投资研究员和基金经理组成。投资研究员负责对上市公司进行考察调研,以分析报告的形式向基金经理提供投资建议。基金经理则负责投资决策,一个优秀的基金经理往往能够废寝忘食地工作,在数量众多的上市公司中选择最好的投资对象,而基金公司则付给他们令人羡慕的报酬。例如当约翰·耐夫担任温莎基金的经理期间,基金管理公司每年付给他7位数的薪水。

在现代的华尔街上,"共同基金"具有呼风唤雨的能力。一旦一家上市公司被诸多大型共同基金看好后,它的股票价格将快速上升,公司的信用等级也将得到提高;如果一家上市公司的股票被"共同基金"所抛弃，它的股价将跌入深渊，甚至公司破产。正是由于上述原因，美国大部分上市公司都设立了"投资者关系部"，积极地建立与"共同基金"经理的沟通渠道。华尔街上的"共同基金"已经具备了左右上市公司命运的能力。

金融界的"坏孩子"：对冲基金

在华尔街有一群神秘的富豪，他们中的大多数人，住在离纽约不远的小镇格林威治，他们手中掌握着数十亿美元的资金，其威力足以摧毁一个国家的金融体系；他们极其富有，排名前25位的人一年总共赚进了140亿美元；他们是私人飞机、游艇和艺术品的消费豪客。这些人就是对冲基金经理。对冲基金不是普通投资者能够投资的基金，大多数对冲基金的最低投资额达到200万美元。

对冲基金的运作原理是：基金管理者在购入一种股票后，同时购入这种股票的看跌期权，从而使股票跌价的风险得到对冲。有的时候，基金管理人首先选定某类行情看涨的行业，买进该行业几只优质股，同时以一定比率卖空该行业中几只劣质股。如该行业预期表现良好，优质股涨幅必超过其他同行业的股票，买入优质股的收益将大于卖空劣质股的损失；如果预期错误，此行业股票不涨反跌，那么较差公司股票的跌幅必大于优质股，则卖空所获利润必高于买入优质股下跌造成的损失。由于对冲基金普遍采用负债的方式将资金放大几十倍，因此承担了极大的风险并能够获得较高的收益。

对冲基金的投资对象不只局限在股票上，外汇、原油、黄金、农产品乃至大宗工业原料都是它们的投资对象。由于对冲基金的投机活动给世界上一些国家的经济造成了巨大的损失，因此在国际金融界，对冲基金被称为"坏孩子"。

对冲基金投机的一个典型案例是量子基金在1992年对英镑的阻击。1992年，东西德统一后，德国经济强劲增长，德国马克坚挺，而当时的英国正处于经济不景气时期，英镑相对疲软。1992年，索罗斯旗下的量子基金以5%的保证金大笔借贷英镑，购买马克。他的策略是：当英镑汇率未跌之前用英镑买马克，当英镑汇率暴跌后卖出一部分马克即可还掉当初借贷的英镑，剩下的就是净赚。在此次行动中，量子基金卖空了相当于70亿美元的英镑，买进了相当于60亿美元的马克，在一个多月时间内净赚15亿美元，而欧洲各国中央银行共计损失了60亿美元，最后以英镑在1个月内汇率下挫20%而告终。

近年来，由于美国经济形势恶化，美元贬值的预期日益加强，对冲基金开始将投资目标对准原油和有色金属。自2005年开始，国际原油期货出现连续大幅度的上涨，原油期货价格从40美元被炒作到147美元，有色金属铜、铝和镍的价格也被炒高了几倍，从而造成了世界范围内的通货膨胀。

截至2007年底，全球对冲基金管理的资产规模已达2.65万亿美元。华尔街仍然是对冲基金的主要聚集地，那里一共汇集了144家大型对冲基金，资产规模达到了9 730亿美元。

"操盘手"的"即日套利交易"

"离收市越来越近了，就在我开始感到不会再有什么机会时，我面前的一个显示器忽然闪动起一个'信号'——我一直在跟踪的股票之一 PCS(美国最大的移动电话公司)出现了'买方价'与'卖方价'的超常差价。在正常的交易情况下，一支股票的'买方价'和'卖方价'应该差别很小，通常只有几分钱，而此时 PCS 的买卖方差价竟近两块钱！……说时迟那时快，我立刻以最快的速度在电脑上打入指令：买入 2 500 股 PCS 股票。也就几秒钟的时间，操盘电脑上已显示从纽约股市反馈回来我最想看到的确认报告：我买入了 2 500 股 PCS，也几乎是在同一时间，PCS 开始攀升。前后不过一分多钟，许多人还根本没明白发生了什么事情，我已开始将手上的股票售出。按现时价格，我将在该股上进账两千多美元。……一天下来，获利三千多美元，虽然远远比不上那些做得很顺手的日子，但我也毫无怨言。"

上述这段描写是旅美华人谭健飞在《操盘华尔街》一书中讲述的他自己的真实经历。

谭健飞所做的业务叫做"即日套利交易"。顾名思义，"即日套利交易"就是当天买进，当天卖出，利用股票的价格波动来赚取利润。华尔街上的许多证券公司开展了这类套利交易业务，而承担这种业务的人员叫做套利交易员，俗称"操盘手"。证券公司往往将一大笔资金分给十几个"操盘手"，每个"操盘手"的资金从几十万到数百万不等。虽然平均每个"操盘手"每天只能盈利几千美元，但是日积月累就会形成可观的利润。

"操盘手"是年轻人的职业。他们每天都晚睡早起，竭尽全力地研读华尔街上的信息，希望能够从中抓住快速获得利润的机会。由于工作压力巨大，很少有人能够干到40岁以后。"操盘手"所获得的报酬与为公司赚取的利润挂钩，如果一年来收获巨大，那么他年终的红包会非常可观。由于白天全神贯注地投入交易，他们晚上会到华尔街附近的餐饮场所去放松；如果一天交易大有斩获，他们会点一客鲍鱼或鱼翅，如果这一天运气不好，他们会到酒吧里喝上一杯。

"操盘手"的盈利模式虽然不符合华尔街以价值投资为主流的理念，但是他们的积极交易为股票市场增添了活力。

超强的投资银行家

华尔街中的投资银行家大多具有"常春藤校盟①"MBA学位，是华尔街上价格最高的人力资本。他们大多身着名牌西装，以高档轿车作为代步工具，出入豪华会所，他们中的佼佼者年薪达到上亿美元，是纽约高档消费的主力军。

投资银行家的主要工作是为公司的上市、融资和收购兼并提供专业服务。一个成功的投资银行家工作非常繁忙，全年在美国各地拜访潜在的客户，通过一个又一个精心设计的方案来说服客户进行交易。虽然投资银行家经常抱怨繁忙的工作搅乱了他们的生活，但是他们又乐此不疲。一旦获得了大项目，他们将立刻进入高强度的密集型工作状态，经过数月的努力，为公司赚取上千万乃至上亿元的利润。在华尔街，一个刚走出校门的毕业生要想成为一名成功的投资银行家，需要从基础工作干起，先是为一些项目提供基础性分析和数据材料，如果干得好的话，可以分担项

---

① 常春藤联盟由美国东北部8所学校组合而成：布朗大学、哥伦比亚大学、康奈尔大学、达特茅斯学院、哈佛大学、宾夕法尼亚大学、普林斯顿大学及耶鲁大学。除康奈尔大学外，所有这些学校均在北美独立战争前创设，每所院校的入学标准均非常严格。

目团队的一些工作，直到获得业内人士和客户的普遍认可后才能成为独立的项目经理，这个过程往往需要5~10年时间。

成功的投资银行家是业务领域里具有超强能力的人。投资银行家第一个必备的能力是精通财务分析。由于公司融资和兼并收购的直接目的是获取财务利益，投资银行家必须利用自己优秀的财务知识为客户提供建议并设计交易策略。投资银行家的第二个必备能力是良好的判断力。在公司兼并和收购中，收购者和被收购者之间的关系非常微妙，一不小心交易就有可能失败，他们必须洞悉对手的真实意图果断出击，才能获得成功。投资银行家的第三个必备能力是具有高超的人际交往技巧。在交易中，他们要与形形色色的人打交道，这些人往往在性格、偏好乃至利益诉求上具有较大的差异，他们只有利用娴熟的人际交往技巧，才能找到各关键人物的利益共同点，化解矛盾，使交易顺利进行。

在华尔街，成功投资银行家的圈子具有一定的排外色彩。只有那些教育背景良好、具有优秀业绩和较好口碑的业内人士才能成为主流。受到文化背景的影响，非白种人很难得到认同。由于投资银行家经常与政界和企业界的高层人士打交道，因此他们在转行时往往出任企业的高层经理甚至政界高官。美国的前财政部部长罗伯特·鲁宾和亨利·保尔森就是原高盛公司的投资银行家。

影响行情的证券分析师

如果你在西尔斯商场看到一个穿着得体的人在柜台前踟蹰徘徊，他或许就是华尔街上的一名证券分析师，正在考察消费品市场。

华尔街一直信奉"信息就是利润"这一商业信条。早在美国南北战争期间，大型经纪商就派遣人员深入前线了解南军和北军的胜负情况，以此来决定黄金的买卖。当华尔街的投资银行步入现代管理模式后，它们雇佣了一大批从商学院或直接来自相关行业的人才从事证券分析工作。

证券分析师从其研究对象可以分为宏观经济分析师、行业及上市公司分析师和策略分析师。宏观经济分析师一般由具有博士学位的经济学家担任，他们的工作目标就是对宏观经济的走势以及政府的经济策略做出准确的预测。知名的宏观经济分析师往往具有学者乃至政府顾问的多重角色，他们的分析报告有时会直达白宫，为美国政府的经济决策提供依据。行业及上市公司分析师负责对某一行业及相关上市公司进行研究，他们的最终工作成果是要准确地预测出未来几年上市公司的销售收入和净利润，并提出有针对性地"买入"、"中性"或"卖出"的建议。行业及上市公司分析师需要经常与公司的管理层接触，就公司战略、竞争对策以及销售策略进行讨论，从而对企业的发展前景作出判断。作为行业及上市公司分析师，往往具有财务和管理的知识背景。策略分析师通常根据证券市场的走势、宏观经济研究的结论和各行业分析数据，来确定下一个投资周期资金投资的战略方向。优秀的策略分析师一般具有首席分析师的地位。

明星级的证券分析师往往具有一言九鼎的威信，他们的判断足以决定某个公司股票的兴衰荣辱，也可以为投资银行赚来可观的利润。投资银行一般为明星分析师支付上百万美元的报酬。

由于证券分析师有着如此巨大的市场影响力，因此良好的品格是成为一名证券分析师的必备条件。虽然华尔街上绝大多数证券分析师都能够恪守诚信原则和行业纪律，但是也有少数害群之马使证券分析师的队伍蒙羞。美林证券的亨利·布洛杰特就是这些害群之马的代表人物。亨利·布洛杰特原先是一名财经记者，加入美林证券之后担任高科技股票的分析师，在"互联网泡沫"中，亨利·布洛杰特推荐了大量没有投资价值的股票，使投资者亏损累累。"互联网泡沫"破灭后，亨利·布洛杰特被投资者告上法庭，最后被裁定"终生禁入证券市场"。"布洛杰特事件"使得美国证券管理部门对分析师实行严格的监管，并对违规人员进行严厉的处罚。

证券分析师队伍的流动性较大，分析师转行之后往往会成为基金经理或管理咨询公司的高级经理。

席卷华尔街的裁员浪潮

克劳蒂亚在2009年3月的一个星期一的早上,刚进贝尔斯登办公大楼,就被警卫带到了主管办公室。昨天她已经听到风声,部门主管要资遣她。稍后在警卫的监视下,克劳蒂亚回座位收拾东西。她被郑重告知不准触碰电脑,不准复制和复印任何文件。然后保安像防贼一样,"护卫"着克劳蒂亚走出公司大楼。在这一天,像她一样遭到资遣命运的贝尔斯登员工有数千人。

在房贷风暴与资产减值的双重冲击之下,美国金融业进行了最大规模的裁员,幸存者的薪资也将被削减。华尔街金融业的薪资总量将比去年大幅度减少。2008年,华尔街金融业发生巨变,大型投资银行相继破产,幸存者也被迫失去了独立地位,进行业务转型。华尔街上的裁员浪潮接踵而来。2008年,花旗银行宣布将裁员73 000人;美国银行在收购美林证券后将被迫裁员35 000人,占公司员工总数的11%;雷曼兄弟公司破产后有23 000人失业;摩根大通裁员使9 000人失业,贝尔斯登公司因经营失败也导致了9 000人失业。

纽约市的经济向来与华尔街的兴衰同步消长。华尔街员工虽只占纽约市人口的5%,却获得了全市总薪资的23%,所缴纳的税金占纽约市所有税收的27%。由于大批高收入的金融从业人员失业，导致他们经常光顾的商店、餐馆及娱乐场所的生意一落千丈，这还影响了包括司机、房地产经纪人以及其他服务行业人员的收入。据统计，金融行业每裁减一个岗位，将导致整个纽约市损失两个相关职位，纽约州损失1.3个工作岗位。纽约州审计长迪纳波利预计：华尔街可能进一步裁员3.8万人，相关的银行、保险和房地产行业也将裁员1万人。由于金融业提供了纽约州20%的财政税收，因此纽约州和纽约市的财政收入将减少65亿美元。

　　裁员浪潮严重地影响了华尔街员工的生活和价值观念。一位在本次裁员中失去工作的华尔街员工说："当有人通知我必须走路时，我惊呆了。过去，在我每年12万美元的工资中，有四成是奖金。但是现在奖金没有了，我只收到了8个星期的解雇费。"一位被摩根大通公司解雇的雇员称，他从1998年就在该公司工作，"你每天来工作，就有某种忠诚感"。这种忠诚感支持着他的工作，并令他感到自豪。但是，这种忠诚的想法如今已不复存在。那些没有被裁员的人感情坐标也发生了变化。一位曾在美林证券工作超过20年的雇员称："每当我醒来时，发现我生活在另一个国家。"他说，不管是离开的人还是留下的人，人们普遍愤怒、不信任和紧张。"人们都在震颤。华尔街的文化已经改变，这是一个恶劣的文化。"

激活经济的风险资本

  1996年，张朝阳从美国麻省理工学院完成博士后研究回国，带回来了17万美元的资金，在北京成立了爱特信电子技术公司。这个中国第一家以互联网技术为主要业务的公司在开头两年运作得较为艰难。当时，大部分中国人还不知道互联网为何物。全国仅有30万台计算机上网和1 500个互联网站点，那时的国际出口带宽也仅为25M。张朝阳想在国内建设一个大的互联网平台，但是公司的资金只能够维持18个月。为了获得资金，张朝阳开始在美国寻找投资。在半年多的时间里，张朝阳马不停蹄地会见各个潜在投资人，终于在1998年4月，获得了英特尔公司、道琼斯公司、晨兴公司和IDG公司220万美元的联合投资。两年之后，搜狐公司在美国纳斯达克上市，张朝阳成了备受赞誉的"网络英雄"，而原先给张朝阳投资的公司也获得了几十倍的回报。实际上，张朝阳所获得的这些资金就是风险资本。

  风险资本一般投资于处于创业期的中小型企业，这些企业大多数带有技术背景。风险资本的投资不需要任何担保或抵押，也不要求控股，一般情况下，风险资本会占被投资企业30%左右的股权。风险投资的目的是追求超额回报。当被投资企业增值后，风险投资人通常会帮助企业上市，然后将手中的股票抛出来兑现利润。由于风险投资是一种长期投资，一个投资项目需要5~7年才能获得回报，它的成功几率较低，一般为20%。成功的投资项目回报非常惊人，往往能够达到十几倍的利润。为了控制风险，风险投资的项目经理大多具有科技知识及财务相关知识，并积极地参与被投资企业的经营管理。

风险资本给美国经济带来了活力，在互联网技术革命期间，从美国硅谷成长起来的知名公司全部都有风险资本的身影。在华尔街上，比较著名的风险投资公司有：IDG技术创业投资基金、凯雷投资集团、英特尔投资、红杉资本、摩根斯坦利公司和高盛公司。这些公司的业务遍布世界各地，我国的一些知名企业如腾讯、蒙牛、双汇以及南孚电池都有上述资本的参与。

据统计，风险资本创造的平均年利润率达到了24%，远高于标准普尔指数的增长率。近年来，风险资本的规模越来越大，华尔街上最大的两家风险基金的规模都超过了25亿美元，风险资本也开始关注大中型公司的投资机会。华尔街上的风险资本还把眼光放到了国外，以中国为代表的发展中国家是它们重点关注的地区。

榨取最后利润的融资并购基金

华尔街上的现代融资并购业务开始于20世纪60年代。那时候，很多在战后取得成功的家族企业的管理者开始衰老，他们想方设法逃避遗产税，而又希望家族能够继续保持企业的控制权。当时华尔街上的一个投资银行家科尔伯格想出了利用融资并购来解决这个问题的办法。1965年，科尔伯格用200万美元收购了纽约的一家牙科产品制造厂，在收购的资金里面只有20万元是筹集来的原始资本，其余资金都是用这家工厂的股权作为抵押借贷而来的。作为这个项目顺利成交的回报，企业的创始家族可以保留少量股权，并继续经营企业。8个月之后，科尔伯格将手中的股权按照购买时价格的2倍出售，还清债务后，科尔伯格的基金获得了近四倍的收益。后来，科尔伯格不断地在这个领域拓展业务。一旦完成收购后，科尔伯格就严格地削减企业成本，卖出不需要的子公司，充分地利用企业的每一元钱去还债。科尔伯格的操作方法一直到现在都是融资并购业务的经典样板。

融资并购业务的关键是首先以基金的方式筹集原始资本金；然后利用借贷的方式将资金放大5~10倍，利用这些资金收购整个质优价廉的企业，对收购来的企业进行严格的成本控制，榨取企业的每一分利润来还债；最后，将企业分拆卖出或重新包装上市，收回最后的利润。

现在华尔街上的融资并购基金的规模已经达到了 2 500 亿美元，在世界金融市场上占有重要的地位。华尔街上3家规模最大的融资并购基金管理公司分别是黑石集团、KKR和凯雷集团。

黑石集团是华尔街上最大的融资并购基金。2007年5月，黑石集团的总资产已经达到884亿美元。1999~2006年，黑石集团的投资年报酬率为22.8%，具有"华尔街赚钱大王"的称号。黑石集团最富传奇色彩的案例是：2004年，黑石集团买下德国Celanese化学公司，不久即推动Celanese在美国上市，不出半年，黑石集团获得现金收益30亿美元，而且手上仍持有数量可观的股份。

KKR公司的创始人之一就是科尔伯格。1985年，这家的购买能力就相当于当时巴基斯坦的国民生产总值。1989年，KKR公司利用314亿美元整体收购了美国第二大食品厂商RJR—纳贝斯克公司，直到现在这笔交易仍然是融资并购史上最大的交易。KKR公司目前的资产规模达到了590亿美元。

凯雷集团成立于1987年，资产规模为556亿美元。凯雷集团收购的领域非常广泛，不管是金融、科技、国防、房地产及能源等产业，皆是凯雷集团涉足的领域。凯雷集团还是在亚洲、欧洲和北美洲最为活跃的融资并购公司。2007年4月，凯雷集团花费57亿美元购买了中国太平洋保险股份公司25%的股权，不到1年的光景，凯雷就赚到至少7倍的收益。

华尔街上的三大投资流派

美国芝加哥大学教授法玛在上个世纪70年代提出了一个"有效市场"假说。这个假说认为,证券市场的超额利润来源于信息,当所有的投资者都对信息做出正确的反映时,投资无法获得超额利润。法玛的假说在投资界引起了一场争论,投资的实战人士认为,采用正确的投资方法能够获得超过市场平均水平的利润。

目前,华尔街的股票投资方法主要分为三个流派:趋势投资、价值投资和心理分析投资。

趋势投资流派认为,信息可以完全地反映在股票价格中,股票的价格沿趋势波动,波动的形态是有规律重复出现的,因此投资者只需要关注股票价格的波动趋势,并跟随这个趋势就可以获得可观的利润。在这个理论的指导下,华尔街上的一些投资机构组建了"趋势投资基金",以股票市场的投资趋势作为投资依据,取得了良好的效果。例如理查德·德利豪斯领导的小型股票基金,采用趋势投资的方法获得了10年平均收益28%的优异业绩。

价值投资流派的理论起源于1900年费雪提出的现金流折现的财务思想,后来本杰明·格雷厄姆在理论和实践上推广了这一思想。价值投资流派认为,投资就是购买企业,企业经营得好坏决定着投资的成败。价值投资讲究对企业进行研究，以低廉的价格购买优质企业。价值投资的代表人物是世界股票投资大师沃伦·巴菲特和彼得·林奇。巴菲特利用价值投资的方法将100美元增值到了492亿美元，成为世界首富。彼得·林奇在担任麦哲伦基金经理时期，通过对上市公司的研究来筛选股票，在13年的基金投资生涯中，彼得·林奇使麦哲伦基金的投资收益达到了惊人的28倍。现在华尔街上的主流投资基金都宣称采用价值投资的方法进行投资。

心理分析流派的理论来源于刚刚发展起来的交叉科学——行为金融学。行为金融学认为，市场上大部分投资者是非理性的，他们的交易从心理上可以找到规律。例如，市场上小盘股的收益要高于大盘股的收益；过去几年表现不好的股票在未来几年将脱颖而出（"反转效应"）；股票刚开始上涨的时候可以买入（"动量效应"）。这些规律都已经在美国股票市场中利用统计的方法检验有效。目前，华尔街已经成立了"行为金融基金"，取得了良好的效果，例如J·P·摩根银行推出的4个行为金融基金在美国总基金排名中全部位于前20%。

除了上述3种主要的投资流派之外，华尔街上的金融工程师还利用统计的方法开发了数量化的选股模型，利用计算机技术对于股票的趋势、价值以及反转动量效应进行综合测评，从中确定最优投资目标。

进入华尔街的华裔精英

华尔街是全球精英众望所归之处。如果追溯到30年前，这里还完全是美国白人的天下。自上世纪80年代后期开始，不同人种才陆续地进入华尔街，中国人的身影出现得就更晚了。直到1990年左右，随着到美国求学人数的增加，中国同胞的面孔在华尔街上才渐渐多了起来，当时还曾被《纽约时报》做了专题报道。

目前在华尔街从业的华人主要从事计算机和金融工程方面的工作。在华尔街，从事计算机方面的工作必须懂金融，做金融分析和模型的工作也应该懂计算机、会开发软件，只有做到"一专多能"，才能在华尔街继续生存下去。

资料显示，华尔街共有大约30万雇员，其中华裔雇员近万人。在这个行业里摸爬滚打10年以上者被称为"资深人士"。华尔街华裔雇员中的资深人士大约有800~1 000人。目前在华尔街已站稳脚跟的华人主要分为3类：第一类是具有计算机知识背景的金融软件开发的人才，他们的年税前收入一般在18万~20万美元之间；第二类是金融工程师，他们大多是名牌大学的数理博士，底薪一般在15万~18万美元，年终可得10万美元以上的奖金；第三类人比较复杂，大多数在投资公司任职，收入处于"下不保底，上不封顶"的状态，他们中有的佼佼者年收入能够超过千万美元。

2007年，在华尔街去年收入超过5 000万美元的"百位顶尖交易者"中，第一次出现了一位华人的名字，他就是年仅43岁的美国赛克资本管理公司的基金经理江平。江平是江苏省靖江市人，1993年毕业于普林斯顿大学，获得化学博士学位，接着进入斯坦福大学攻读金融学博士，随后进入李曼兄弟公司拉美外汇交易部工作。2005年3月，江平正式加盟赛克公司，投资七国集团的外汇、指数、拉美外汇、债券和欧洲信贷。2007年江平的总收入超过1亿美元。

华尔街上，华人获得的职位最高的是唐伟。唐伟在2006年担任全球第六大投资银行美国贝尔斯登副董事长兼国际投资公司董事长，是华尔街顶尖的投资银行家。他帮助过易初摩托、中国移动、北京燕化、广深高速、兖州煤矿、中国电信、第九城市等十多家中国企业海外成功上市。

在华尔街上，由于华人具有较高的数学天赋，因此经常承担对数学要求较高的金融工程等方面的工作。在世界著名的期货机构"曼式金融"任职的王红英被称为"模型先生"。王红英凭借计算机专业的学士学位、金融专业的硕士学位以及深厚的统计学知识，加上十多年的期货交易、投资管理经验加盟"曼式金融"，成为利用数学模型进行期货交易的专家。目前王红英管理的资金达到了20亿美元的规模。

今天华人已经在华尔街打下了一片天地。由于文化语言和社会资源方面的问题，华人在做到一定职位后，再往上发展就会遇到困难。他们中的很多人早已看到了中国经济发展所带来的机遇，这次金融危机更加坚定了一些人回国的决心。

华尔街的敲门砖：
"CFA"考试

特许金融分析师（CFA）是全球金融财经界最受推崇的金融投资专业资格。CFA特许状由CFA协会所授，该单位是全世界最著名的投资行业专业团体之一。CFA考试普遍被认为是投资行业内最严格的资格考试。《经济学人》和《金融时报》都称CFA特许状为"黄金认证"。CFA协会从业员需经过考核及评审，才会获得CFA资格。

CFA考试主要是分为三级，每个考生每年只能申报一个级别的考试，通过了才可以报考下一个级别。CFA考试内容包括道德与专业标准、证券分析、债券分析、衍生工具分析、另类投资、财务报表分析、量化方法、经济学、企业理财、投资组合管理、风险管理、资产分配和投资表现衡量。平均来说，CFA考生需要4年的时间才可能通过全部三级考试。一级考试每年进行两次，二级和三级考试每年进行一次。

CFA考试对于考生的学历没有什么特殊的要求，只要拥有一个大学学士学位，无论是哪个专业毕业，均可报考CFA。CFA考试也没有任何豁免权，无论考生在大学所修读的专业与考试联系多么紧密，想要获得CFA特许状都必须通过考试这一关。

每年，全球的CFA考试同步进行，考试均使用英文，为的是使所有CFA特许状持有人对于投资管理与专业操守有着共同的知识基础。也正是因为这样，无论你在任何一个国家考得CFA特许状，到其他的国家都一样会受到认可，这增加了CFA特许状持有人就业的灵活性。

CFA专业资格在世界各地越来越受到欢迎。近年来，CFA考试的报考者有不少本身就是证券分析师、资产组合经理、投资顾问、银行家、会计师及其他投资专才。CFA特许状经常被金融业内的不同机构包括投资公司、基金公司、证券行、投资银行、投资管理顾问公司、银行等雇主作为考核指标，用来量度员工的工作能力和专业知识。目前，拥有最多CFA特许状持有人的雇主包括美国银行、花旗集团、瑞士信贷、德意志银行、高盛、汇丰银行、摩根大通、美林证券、加拿大皇家银行和瑞银集团。

自1990年以来，CFA课程的全球报名人数增长了12倍，年复合增长率达到了16%；其会员人数也翻了4番，年复合增长率达到了9%。现在，全球持有CFA特许状的投资专业人士有八万一千多人，另外还有会员人数达到九万三千多人。全世界CFA特许状的持有人并不多，但是面临着巨大的市场需求。求职人员要挤进欧美知名金融机构，如果没有CFA特许状，可能连面谈的机会都没有，因为CFA特许状已被视为全球投资界优秀人才的同义词。

华尔街建筑

华尔街上的每一幢建筑都代表着一段历史并见证着华尔街的兴衰。华尔街上的"三一教堂"是整条街的精神支柱,亚历山大·汉密尔顿的灵魂一直保佑着华尔街的健康成长。华尔街上的美国国家纪念馆揭示了华尔街早先不平凡的历史,而美国金融博物馆则如实地记载了华尔街的每一个成长历程。位于华尔街11号的纽约证券交易所,一直是华尔街的中心,在那里的每一笔交易都影响着世界经济的走向。在9.11事件以后,各大金融公司开始搬离华尔街,华尔街开始被改造为高档住宅区。

三一教堂

在百老汇街和华尔街的交界处，纽约证券交易所对面坐落着美国著名的三一教堂。这座落成于19世纪中叶的建筑，曾经是纽约市的地标。当时远航归来的船只大都把三一教堂的尖顶视为欢迎进入纽约港的信号。

在华尔街的历史上，三一教堂一共被修建过三次。最早的三一教堂建于1698年，在1776年被华尔街的大火焚毁；1790年第二座三一教堂竣工，然而，短短的56年之后，又一次毁于大火。现在的三一教堂是1846年修建的，采用哥特式的建筑风格，高达84米的教堂尖顶直冲云霄，曾经一度是纽约市最高的建筑物。

三一教堂的外立面由玫瑰色砂岩覆盖，略显斑驳的色彩向人们昭示着它那悠久的历史。三一教堂外部造型俊秀，尖塔高耸入云。教堂正面两侧修长的立柱更加强化了三一教堂的高耸挺拔，整个教堂呈现出一种令人惊异的框架美。三一教堂从内到外都精雕细刻，具有现代造型艺术特点的圣灵浮雕随处可见，记载着教义中的每一个传说。教堂的正厅用肋状拱券装饰，两侧墙体配有高大明亮的玻璃花窗，给人一种向上升华飞腾的感觉。在正厅的正面墙上，绘有三位圣灵画像的彩色玻璃窗将柔和的光线引向圣父、圣子和圣灵的雕像，使人从内心深处产生出一种由衷的感动。正厅的两侧是明亮安静的祷告室，三位圣灵在那里静静地倾听着每一位教徒的心声。每星期三中午，三一教堂都有乐师演奏巴洛克风格的乐曲，优美的旋律和丰富的和声使人的内心感到沉静。

三一教堂现在全面开放，为一切和圣事有关的纪念活动提供场地，教徒的婚礼和洗礼也经常在这里举行。自1993年以来，纽约市高等学府的经济学和金融学学生的毕业生典礼也在这里举行。

三一教堂现在是美国最富有的教堂。除了旅游收入以外，华尔街上的富豪有一个古老的约定，证券市场上每赚100美元就有10美元会被捐到三一教堂。

三一教堂见证了华尔街的兴衰荣辱，是华尔街过去和现在的精神寄托。美国首任财政部长亚历山大·汉密尔顿就被安葬在三一教堂的旁边，他的灵魂一直保佑着华尔街兴旺繁荣。

美国国家纪念馆

美国国家纪念馆位于华尔街26号,曾经是纽约市政大厅、美国联邦大厅和联邦海关大楼,现在是美国国家纪念馆。

美国国家纪念馆现在所处位置最初是英国殖民时代的"纽约市政厅"。1735年,一个叫约翰·赞格的报纸出版商涉嫌诽谤英国皇家总督,在这里接受审判,最后却被无罪释放。从那以后,这里就成为美国新闻自由和公民权利的象征。1788年,纽约市政厅在原来的基础上进行了扩建和装修,独立后的美国把这里作为国会的办公地点,并改名为"联邦大厅"。在联邦大厅,国会召开了第一会议并通过了美国宪法。之后国会在这里清点美国总统的选票,最终推举乔治·华盛顿为美国第一任总统。1789年4月30日,乔治·华盛顿在联邦大厅的二楼阳台上宣誓就任美国总统。美国建国初期的一些法案和制度也在联邦大厅里诞生,例如:《美国人权法案》、《印花税法》以及《美国法院制度》。1791年,美国临时首都迁到费城。1812年,联邦大厅被拆除,华盛顿总统宣誓时使用的栏杆和一部分地板被收藏起来作为纪念。

1842年,美国政府在联邦大厅的原址修建了美国第一个"海关大楼"。海关大楼的外形仿照希腊神庙,象征着美国的民主和自由；海关大楼的大厅采用希腊神话万神殿中带有天窗的圆顶结构，象征着美国经济的富强；海关大楼前伫立着华盛顿的塑像，以此来纪念他在独立战争中所立下的功勋。1862年，美国海关搬离此地，这里成为美国第六个国库，有价值数百万美元的黄金和白银保存在地下室，直到1920年为止。

1939年5月26日，海关大楼正式被认定为美国国家历史遗址，并更名为"美国国家纪念馆"。美国建国时期以及各个重要历史时刻的物证都保存在这里，供游人参观。

美国国家纪念馆曾多次遭受到袭击的威胁。1920年，一枚车载炸弹在华尔街爆炸，造成了38人死亡及400人受伤。处在华尔街中的美国国家纪念馆安然无恙。2001年发生的9.11袭击事件曾使国家纪念馆的一侧墙体出现裂缝，经修复后，国家纪念馆于2006年重新对外开放。

纽约证券交易所

纽约证券交易所位于华尔街和百老汇大街的交界处，对面是著名的三一教堂。虽然纽约证券交易所的门牌号是华尔街11号，但是它的正门却开向较为宽阔的百老汇大街。现在的纽约证券交易所主楼有108年的历史。

纽约证券交易所的历史可以追溯到1792年的"梧桐树协议"，那个时候的交易所设在"唐提咖啡屋"，直到1817年交易所才在华尔街40号租用了固定的办公地点，但是这个办公场地不久就毁于大火。纽约证券交易所直到1865年搬迁到了现在的这个位置。1896年，随着交易量的扩大，交易所开始在原址重新修建。新的交易所采用新古典主义的建筑风格，整个交易大厅长42.5米宽33米，最高点达到22米。新交易所的正门前设计了6个巨大的支柱，正门上方有11个人物的工作造型，这象征着勤劳不息的美国人民。1922年，交易所在主楼旁边修建了一个新的办公场所，被称为"车库"。1968年和1988年，交易所在主楼旁边又增加了新的场地被称为"蓝屋"，后来在2006年被关闭。2000年，百老汇大街30号又修建了一个新的辅助性的交易大厅，采用计算机和交易员混合交易的模式，这个辅助大厅也在2007被关闭。

纽约证券交易所每周一到周五进行证券交易，每天开市的时间是纽约时间9：30到16：00。证券交易最开始是通过每家经纪商派驻的场内交易员进行交易，现在电脑系统承担了大部分工作。纽约证券交易所里最具价值的"商品"是席位。拥有席位就意味着有资格在交易所内从事证券交易。最开始，交易所设立了533个席位，后来增加到了1 366个，这个数量一直保持到现在。

电脑和网络技术成熟以后，纽约证券交易所开始在交易方式上进行变革。2005年，为了推进电子交易技术的改革，纽约证券交易所与芝加哥Archipelago电子交易公司合并成为一家上市公司。原先拥有席位的经纪商每个席位可以获得50万美元的现金和77 000股公司的股票，纽约证券交易所的席位买卖也因此而寿终正寝。

截止到2008年10月，纽约证券交易所的市价总值达到了101亿美元。

纽约银行大楼

纽约银行大楼在华尔街上并不引人注目，它没有花旗银行总部大楼的玻璃幕墙，也没有三一教堂标志性的尖顶，从远处看就像一个用石头堆出来的山峰。只有当夜幕降临的时候，大楼里每个窗户透漏出的淡黄色的灯光，才显示出它的独特魅力。纽约银行大楼建于1932年，大楼共50层，高199米，整个大楼的建筑面积为11万平方米，由钢结构支撑，外面覆盖着灰色的石灰岩。大楼刚建成的时候，它的主人是欧文信托银行。1988年，这里成为了纽约银行的总部。纽约银行大楼由于设计时的缺陷，大楼外墙需要重新整修。2001年，纽约银行聘请建筑师对大楼部分结构进行了重新设计，利用5年时间完成了对大楼的整修。

纽约银行大楼坐落在华尔街1号，这个具有象征意义的号码，显示着它的新主人在华尔街上的特殊地位。纽约银行是华尔街历史上最悠久的银行。它是由亚历山大·汉密尔顿于1784年帮助创立的，汉密尔顿亲自为纽约银行制订了公司章程。纽约银行在创立之初就与当时的中央银行——合众国银行一起担负着处于襁褓期美国经济和金融建设的重任。在美国历史上，著名的伊利运河和伊利铁路的修建都有纽约银行的身影。纽约银行一直奉行着稳健的经营策略，这使得银行渡过了美国历史上的所有金融危机。在美国实行严格金融监管的时代，纽约银行一直保有着银行的经营特许权，是美国历史上绝无仅有的从建国之初到现在一直保留独立地位的银行。

纽约银行于1792年在纽约证券交易所上市，它是华尔街历史上最早的上市银行。1966年，纽约银行在伦敦设立了办事处，正式成为一家国际银行。2006年，纽约银行在兼并了梅隆金融公司之后，正式改名为纽约银行梅隆公司。

现在的纽约银行梅隆公司是美国十大银行之一，管理着全世界1.6万亿金融资产。纽约银行梅隆公司在全世界拥有4万名雇员，年总收入130亿美元，市价总值500亿美元。纽约银行梅隆公司具有全美最先进的计算机数据系统，号称"不延迟的远程数据中心"，纽约银行梅隆公司聘请了英特尔公司的IT小组对数据中心进行检测，真正做到了系统内部信息畅通无阻。

美国信孚银行大楼

华尔街14号是一个37层的大厦，整个大厦高164米，大厦正立面呈长方体，顶端设计了一个金字塔状的标志，给大厦单调的外形增添了几分神秘感。大厦正对着纽约证券交易所和美国国家纪念馆。这幢大厦原来的主人是美国信孚银行，虽然信孚银行已经成为历史，但是华尔街上的人仍习惯地称它为"信孚银行大楼"。

信孚银行大楼始建于1912年，开始是一座20层的建筑。为了成为纽约最高的大厦，1912年的那栋大楼被推翻重建。1965年，信孚银行正式入主这幢大厦后，只把部分业务的办公地点设在了这个大厦，占据了其中的3层，其他楼层则对外出租。在这幢大厦里比较出名的是在31层开设的一家名叫"华尔街14号"的高档法国餐厅。

信孚银行在华尔街以衍生产品而闻名。美国信孚银行也称纽约银行家信托公司，成立于1965年。信孚银行成立以后采用兼并收购其他银行的方式迅速成长为美国第八大银行。由于信孚银行成立的时间较晚，在美国金融界也没有老牌银行的深厚背景，因此它将业务重点放在金融衍生产品的开发上。信孚银行利用其在企业界积累的客户资源，为他们提供衍生产品投资服务。

信孚银行最著名的交易是帮助法国政府解决了BP化学公司私有化的难题。1994年，法国政府准备把国有企业BP化学公司转为由公司员工持股的上市公司。由于BP公司的员工担心投资亏损，因此购买者寥寥无几。美国信孚银行受托为BP公司解决上述难题。信孚银行首先为BP公司的职工提供购买股票贷款的担保，然后承诺对未来股票上市可能出现的亏损做出赔偿。信孚银行的这一举动打消了BP公司职工的疑虑，使得法国政府主导的第一个私有化计划得以顺利实施。此后，信孚银行成为了BP化学公司股票的做市商，利用合成股票等衍生工具化解了自身的风险并获取了不菲的利润。

20世纪90年代后期，信孚银行由于在衍生产品风险控制上的失误出现了生存危机。1998年，信孚银行被德意志银行以98亿美元收购，原先的信孚银行大楼被改名为"德意志银行大楼"。"9.11袭击"发生后，德意志银行从这幢大楼里搬出，空出来的大楼现在正在被改造为高档住宅。

美国金融博物馆

"美国金融博物馆"又称为"美国金融历史博物馆",成立于1988年,位于华尔街48号。它是美国唯一独立的公共博物馆,隶属于史密森学会。该学会宣扬企业精神和自由市场,正是这些理念促使纽约成为世界的金融中心。美国金融博物馆被联邦政府特许成为教育机构,承担着金融教育的重要任务。

2006年12月,美国金融博物馆由旧址——百老汇26号标准石油大厦迁移到现在的地址。2007年9月完成内部装修并于2008年1月对外正式开放。

美国金融博物馆距离纽约证券交易所仅一个街区之遥,这里原是纽约银行最初的总部所在地。华尔街上年代最久远的银行大楼与美国金融博物馆里的历史物证相互衬托,使之成为曼哈顿区的一个重要的旅游景点。自2008年开放以来,吸引了大量的美国学生前来学习有关美国金融体系的基础知识。

这家博物馆收藏品有:第一任美国财政部长汉密尔顿官邸的家具;《梧桐树协议》原件;美国福特汽车、美国电话电报公司和其他知名企业的早期的股票证书原件;从西班牙开往新大陆的商船中打捞出的硬币;"淘金热潮"时代发现的一块60磅重的金锭;

1929年股市崩盘时的行情跑马灯；首次使用美元标志的公债以及大额钞票的样张（1万美元和10万美元面额）。值得一提的是，新打造的博物馆还将成为纽约证券交易所的展示厅。美国金融博物馆大门前张贴着"金钱，权利，都成为历史"的标语，在博物馆内还张贴着沃伦·巴菲特的名言："记住，股市只是狂躁的抑郁症患者。"

　　在华尔街发生次贷危机的形势下，美国金融博物馆的客流量大幅度增加。许多美国金融界人士来到这里学习历史的经验和教训，而这正是博物馆设立的初衷。博物馆总裁李·凯勒润曾感慨地说："美国的投行的总裁如果能在这里学学金融史，也许就不会遭遇'下课'的厄运了。"

摩根大楼

摩根大楼坐落于华尔街23号，建成于1913年。那一年华尔街上的领袖J·P·摩根去世，J·P·摩根公司由小摩根担任主席。由于J·P·摩根在华尔街上的领袖地位，这里仍然是华尔街上商讨重大事件的所在，被称为"华尔街众议院"。

摩根大楼曾经是J·P·摩根公司和摩根大通银行的总部。摩根大通银行于2000年由3家美国大型银行合并而成，他们是美国化学银行、美国大通银行和J·P·摩根公司。合并后的摩根大通银行总资产达到 20 360亿美元，总存款为 9 048亿美元，占美国存款总额的10.51%。摩根大通银行共有分行5 410家，是仅次于美国银行的全美第二大金融服务机构。摩根大通银行业务遍及五十多个国家，业务范围包括投资银行、金融交易处理、投资管理、商业金融服务、个人银行等。2008年，摩根大通银行收购了美国著名投资银行贝尔斯登和华盛顿互惠银行。

摩根大楼的主楼呈"L"形，在主楼的夹角处有一个3层楼高的大厅，它是摩根在世时修建的第二幢大楼。这幢大楼除了具有纪念J·P·摩根的意义以外，还记载着华尔街的一次事件。

1920年9月16日中午，一辆四轮马车来到华尔街，停在这幢修建不久的摩根大楼旁边，随即发生了爆炸。这辆马车上满载炸药，炸药外面包裹着重达500磅的吊坠，炸药将这些吊坠炸得粉碎，碎片就像霰弹的弹片一样形成了巨大的破坏。有30人当场死亡，8个人后来因伤势过重而死，近四百人受伤。假如爆炸再晚一点的话，将是华尔街的午餐时间，华尔街和百老汇大街的交叉路口将人潮汹涌，那么伤亡的人数将不止于此。摩根大楼正处于爆炸的中心，由于大楼在窗户的内侧安装了金属网格，避免了一场大屠杀。摩根大厦的外墙被吊坠砸出来许多沟沟点点，其中有些痕迹有1英寸深，这些痕迹一直被保留到今天，作为这次爆炸的见证。

虽然摩根大通银行现在已经将总部搬到更现代化的大通曼哈顿广场，这里正在改造成为高档公寓，但是这幢大楼仍然被华尔街上的人们叫做摩根大楼，以纪念J·P·摩根为华尔街作出的贡献。

大通曼哈顿银行大楼

华尔街37号是一个"凸"字形的大厦，原先是美国信托公司的总部，后来被大通曼哈顿银行购买。由于大通曼哈顿银行名声显赫，因此华尔街上的人习惯地把这幢大楼称为"大通曼哈顿银行大楼"。大通曼哈顿银行大楼建于1907年，共有25层，建筑面积为5万平方米。大楼的立面巧妙地采用灰色、浅红和深红3种颜色将整个大厦横向划分为3个区域。中间的区域采用飞檐和精致的浮雕加以点缀，形成了朴素而又耐人寻味的独特风格。这幢大楼由于大通曼哈顿银行的入驻而成为人们对于华尔街往事的回忆。

当时的大通曼哈顿银行是由曼哈顿公司和大通国民银行合并而成，其中的曼哈顿公司是华尔街上历史最悠久的金融机构之一。

曼哈顿公司的创始人是亚伦·伯尔。最开始，亚伦·伯尔是华尔街街角的一个卖棺木的小贩。1789年，亚伦·伯尔创办了曼哈顿公司，由于没有银行的经营资格，这家公司当时对外宣称的主营业务是运送食物和饮水的运输公司。实际上，这家公司是当时纽约市的第二家商业银行，其竞争对手就是汉密尔顿所创建的纽约银行。亚伦·伯尔在美国独立战争中成为英雄，后来他成了杰斐逊政府的副总统，是汉密尔顿的政敌。1804年7月11日，亚伦·伯尔和汉密尔顿在纽约进行决斗,第二天,汉密尔顿因枪伤去世。亚伦·伯尔从此背上了"谋杀汉密尔顿"的指责,其政治前途也因此而丧失了。曼哈顿公司在亚伦·伯尔时代之后几经波折,最终成为华尔街知名的非银行金融机构。

大通国民银行是于1877年由约翰·汤普生所创立的。20世纪20年代,大通国民银行通过收购几家小型银行发展壮大起来。1930年,大通国民银行与洛克菲勒家族控股的纽约公平信托公司合并,从此成为由洛克菲勒家族支持的金融机构。大通国民银行是美国商业巨头的合作伙伴。当时,大通国民银行的主要客户有通用电气公司和标准石油公司,是华尔街上经营稳健的大型银行。

1955年,大通国民银行与曼哈顿公司合并,由于曼哈顿公司不具有银行的经营许可,因此新成立的公司更名为"大通国民曼哈顿公司银行",简称"大通曼哈顿银行"。1996年7月,纽约化学银行成功地兼并了美国大通银行。尽管合并后的银行在国家登记的名字依然是"纽约化学银行",但因为大通曼哈顿银行更为世人所知,所以华尔街上的金融家依旧称之为"大通曼哈顿银行"。

特朗普大楼

特朗普大楼坐落于曼哈顿的纳苏街与威廉街之间，地址为华尔街40号。这栋摩天大楼原本被称为曼哈顿银行大厦，但是后来因为大通国民银行与曼哈顿公司合并，所以更名为特朗普大楼。特朗普大楼在1930年落成，共有70层，建造期只有11个月，当时是世界上最高的建筑，目前则是美国第20高的建筑。

特朗普大楼的顶端高282.5米，总共有3 500个窗口。在克莱斯勒大厦完工前，特朗普大楼曾经在很短暂的时间内成为世界上最高的建筑。后来唐纳德·特朗普于1995年买下该大厦，将其命名为特朗普大楼。在1998年，纽约地标保护委员会认定特朗普大楼为纽约的地标。特朗普大楼目前是华尔街上最高的建筑。

特朗普大楼是与克莱斯勒大楼同时期建设的。在设计高度上，特朗普大楼比克莱斯勒大楼高2英尺。特朗普大楼建成后，在1930年4月至1930年5月这段时间是世界上最高的建筑。当特朗普大楼落成后，克莱斯勒大厦的建造者暗中改变了其设计高度，把一个高38米的尖顶安置在克莱斯勒大厦的顶端，从而实现了大亨沃尔特·克莱斯勒拥有世界最高建筑的梦想。不过一年以后，新建成的帝国大厦就取代了克莱斯勒大厦，成为世界上最高的建筑。

　　特朗普大楼曾在1946年的大雾中被美国海岸防卫队所属的飞机碰撞，导致5人身亡，特朗普大楼顶端的尖塔也受到破坏。1995年，唐纳德·特朗普以8 000万美元的代价购买了这幢大楼，到了2007年的时候，这幢大楼已经增值到了6亿美金。唐纳德·特朗普一直立志于把这幢大厦的上半部分改造为高档住宅，并与下半部分的商业区相分隔，但是没有成功，现在这幢大楼仍然是商业大楼。

　　特朗普大楼由于曼哈顿公司及自身高度的原因，被称为"华尔街皇冠上的宝石"。2000年，特朗普大楼被评为"美国国家历史场所"。

华尔街铜牛

位于美国纽约市华尔街边上有一个硕大的铜牛雕塑，它身长5米、体重6 300公斤，是华尔街的象征。

铜牛的设计者是一位来自意大利西西里岛的艺术家，他叫阿图罗·迪·莫迪卡。莫迪卡来美国多年后，想做一件一鸣惊人的东西，以便出人头地。他有一天突然想到：华尔街是世界金融的心脏，如果有自己的作品放在那里一定会引人注意。于是，莫迪卡开始创作一头铜牛，打算在1989年圣诞节的时候把它摆在华尔街证券交易所前面，祝福股市来年一牛冲天。经过近两年的运作，莫迪卡在1989年12月15日午夜，用一辆大卡车将他这头重达6 300公斤的铜牛，偷偷运到华尔街纽约证券交易所门前的那棵巨大的圣诞树下面，他盼望着第二天一早会发生奇迹。次日一大早他来到证券交易所边上，果然他的铜牛已经被记者和警察围得水泄不通，从外面根本就看不到牛了。莫迪卡这种先斩后奏的行为使纽约市政府非常恼火。在盛怒之下，纽约市政府要求莫迪卡赶紧把铜牛拉走。就在这时，百老汇大街南端的Borlinggreen公园的负责人找到莫迪卡，让他把铜牛放到他们的公园里，为莫迪卡解了围。莫迪卡打算把这座雕像出售给开价最高的买主，但是买主必须将铜牛雕像留在原地，并将铜牛雕像捐赠给纽约市。如今铜牛成了纽约市的公共财产，不准任何人买卖，莫迪卡拥有肖像权。

现在，"华尔街铜牛"已经融入了华尔街的文化中，成为了华尔街力量和勇气的象征，似乎只要铜牛在，股市就能永葆"牛"市。来华尔街观光的游客以摸铜牛为福气，认为那样会给自己带来财运，如今华尔街铜牛的牛鼻和牛角已经被磨出光泽了。

华尔街人物

华尔街的历史是由伟人和骗子所共同书写的。在华尔街的"伟人"里,首屈一指的是J·P·摩根。摩根是最早将"诚信"这一概念植根于华尔街文化中的投资银行家。凭借摩根的品质和能力,华尔街一改往日贪婪和投机的形象而成为美国经济的重要支柱。华尔街除了有伟大的投资银行家以外,还有一大批辛勤耕耘的实践者,沃伦·巴菲特就是其中最伟大的一员。巴菲特吸收了格雷厄姆和费雪的投资思想,在近五十年的投资实践中积累了大量的财富。巴菲特的伟大实践再一次证明了华尔街存在的价值,为后来的投资者指明了正确的道路。在华尔街的骗子里面,庞齐是值得重点关注的人物。庞齐利用后来被称为"庞式骗局"的手法积累了大量的资金,这种诈骗手法现在一直成为各国金融监管机构重点防范的内容。

华尔街之父：
亚历山大·汉密尔顿

亚历山大·汉密尔顿（1757—1804）是美国著名的金融家和政治家。他是美国爱国元勋之一，首任联邦政府财政部长，被称为"华尔街之父"。

汉密尔顿出生于英属西印度群岛，从小家境贫寒，后来在别人的资助下来到当时美洲大陆的"国王学院"（现在的哥伦比亚大学）学习，成为学院里最勤奋的学生。美国的独立战争爆发后，他凭借自身的才干，成为乔治·华盛顿的侍从武官。美国开国后，汉密尔顿成为联邦政府第一任财政部长。

美国建国之初，百废待兴，国库空虚。汉密尔顿向当时的美国国会提交了一份报告，详细地阐述了建立政府信用的必要性和实施策略。他在报告中强调，联邦政府必须全额偿还债务。与此同时，汉密尔顿还提出了建立中央银行的议案。他认为，英国、法国、德国和荷兰都有中央银行，这极大地推动了这些国家的商业、工业和农业的发展。美国建立中央银行能增加全国的资金流动，能帮助联邦政府交涉贷款和征收税务。汉密尔顿的反对者认为，中央银行会让北方一些有钱人享有特权，会控制南方农民和小生意人高度依赖的州立银行，会增加纸币而不是金币和银币的流通。虽然反对者的观点有美国宪法条文的佐证，但是联邦国会还是通过了汉密尔顿关于建立中央银行的议案。在汉密尔顿的支持下，美国的第一个中央银行——"第一合众国银行"建立起来了。汉密尔顿还协助建立了纽约银行。

汉密尔顿的金融策略带动了华尔街的发展，当时汉密尔顿的官邸就在华尔街上，而纽约银行就在汉密尔顿官邸的对面。

1804年，汉密尔顿陷入了决斗的风波，他的对手就是当时杰斐逊政府的副总统亚伦·伯尔。按照决斗的规则，汉密尔顿先开枪，奇怪的是，他发出的子弹离伯尔甚远。而亚伦·伯尔毫不手软，一枪命中汉密尔顿的右胸。后来，汉密尔顿在弥留之际公开了他在决斗前写下的日记："决斗那一天自己不会向对手开枪。"

晚年的亚历山大·汉密尔顿重归于年轻时信仰的基督教，但他在临终之时要求纽约的三一教堂为其举行圣餐礼时却一度被拒绝，原因是他始终难以放弃"决斗"这一有违基督教义的行为。汉密尔顿声称："正是因为基督教信仰，决斗那天才故意将子弹打偏。"汉密尔顿的雄辩最终说服了教堂方面，为其举行了仪式。汉密尔顿临终时说，他已经虔诚地忏悔，并愿意与所有的人和解，包括伯尔。

汉密尔顿一直被安葬在华尔街上的三一教堂侧面，他的墓志铭是：清廉正直的爱国者，众所公认的勇敢战士，拥有完美智慧的政治家，在这块大理石腐朽入尘土之后，（他的）天赋和美德将永远被感恩的子孙所敬仰。

船长：范德比尔特

科尼利尔斯·范德比尔特(1794-1877)是19世纪美国著名的企业家，华尔街著名的投资人，绰号"船长"。

范德比尔特出生于美国纽约的斯坦顿岛，他的父亲是一个农场主。16岁的时候，范德比尔特渴望创建自己的事业，他利用母亲借给他的100美元购买了一条平底双桅驳船，并在纽约港从事货运。很快，范德比尔特有了一支数目庞大的轮船运输队，成为美国最大的船东，业务范围也扩展到了欧洲。

1850年，在个人财富已经达到2 000万美元之后，范德比尔特开始将眼光转向新兴的铁路运输市场。虽然当时美国的铁路网尚未完善，运营效率低下，但是范德比尔特敏锐地意识到铁路运输的巨大潜力。为了进军铁路市场，范德比尔特来到华尔街，利用手中的资本开始对方兴未艾的铁路行业进行整合。

范德比尔特首先注意的是纽约–哈莱姆铁路。不但买下了哈莱姆铁路的控制权，还使他自己的财富在原来的基础上又增加了一大笔。同时他还控制了哈德逊铁路和纽约中央铁路的经营权。

范德比尔特认为，由于铁路行业的固定成本较高，因此形成铁路同盟，采用卡特尔的组织形式可以避免价格战。当时，与范德比尔特竞争的是纽约州的伊利铁路。伊利铁路的经营者是华尔街上的一个大投机家德鲁。德鲁不关心伊利铁路的经营情况，只在意利用伊利铁路股票价格的涨跌获取利润。德鲁一伙利用内幕信息在股票市场不停地买进或买空伊利铁路的股票，使其他投资者亏损累累。范德比尔特决心利用自己资金的优势收购伊利铁路，把德鲁赶出去。1868年1月26日，范德比尔特已经购买了20万股伊利铁路的股票，眼看就要成功之际，却发现了有近五万股新印刷的伊利铁路股票出现在市场上。原来，德鲁一伙充分地利用其经营权印刷了大量的伊利铁路股票，试图让范德比尔特破产。发现了德鲁的阴谋以后，狂怒的范德比尔特迫使纽约州的法官签署了对德鲁一伙的拘捕令。而此时，德鲁一伙已经拿着卖出伊利铁路新股得到的700万美元逃到了新泽西州。由于美国的法律不允许范德比尔特垄断铁路的经营权，"船长"开始与德鲁一伙谈判。在由伊利铁路公司弥补范德比尔特的全部损失之后，纽约州放弃了对德鲁一伙的通缉，而德鲁也退出了伊利铁路的董事会。

在一系列华尔街的"战役"中，范德比尔特都是赢家。范德比尔特在华尔街赢得了"前无古人，后无来者"的荣誉。当时的《佛雷泽杂志》这样描写范德比尔特："与其他所有华尔街人相比，范德比尔特像一只具有皇家高贵气质和高尚品格的雄狮，屹立在豺狼和虎豹遍布的沙漠中。"范德比尔特去世后，他的财产达到了1.06亿美元。

恶魔天才：杰伊·古尔德

杰伊·古尔德是华尔街投机时代的典型人物，他是19世纪70年代华尔街上的主要玩家。

古尔德是比范德比尔特年轻的一代，他出生于纽约州北部的一个农场。古尔德最开始崭露头角是在范德比尔特的伊利铁路股票收购大战中。古尔德利用控制伊利铁路经营权的机会大量印刷伊利铁路的股票，使范德比尔特损失了700万美元。后来，古尔德与范德比尔特达成了和解，伊利铁路赔偿了范德比尔特的全部损失，而古尔德继续控制伊利铁路的经营权。

1869年9月，美国爆发了历史上著名的黄金操纵案。多头投机家古尔德精心组织了一个黄金囤积计划，他们一度控制了数倍于纽约黄金市场供应量的黄金合同。

刚刚结束南北战争后的美国，还没有实施金本位制，金币和"绿背纸钞"同时流通，但是由于"劣币驱除良币"的经济法则，黄金几乎从流通领域彻底消失。与之相对的是，在纽约的黄金交易室里，黄金的投机活动正如火如荼。在当时的黄金市场上，只需要交纳少量保证金就可以购买数额很大的黄金，这种杠杆效应使得黄金投机成为所有投机活动中最为危险的，同时也是回报最为丰厚的。古尔德的计划是买断纽约黄金市场的所有黄金供应。

为了实现这个美妙的计划，必须要保证做到一件事情——避免联邦政府的干预。古尔德小心翼翼地编织了一张关系网，他设法结识了当时的总统格兰特，并使这位南北战争中的英雄，但对金融却一窍不通的总统相信：政府应该让黄金市场自由运行而不能进行干预。

万事俱备之后，古尔德开始了他们的囤积操作，他们成功地控制了数倍于纽约黄金供应量的黄金合同，黄金的价格扶摇直上。1869年9月20日，黄金的收盘价格为137美元，到了9月24日，黄金的价格达到了158美元。华尔街上卖空黄金的投机者陷入一片恐慌。在疯狂的购买环境下，空头开始平仓并加入了多头的行列。就在黄金逼空快要成功的时候，戏剧性的事件发生了：当古尔德的经纪人报出"以160美元的价格买入500万美元黄金"的报价时，市场上没有卖盘。经纪人一遍又一遍地喊着他的出价，突然，一个德高望重的经纪人坚定地喊了一句："我卖！"在一瞬间，就像脸上被狠狠地扇了一巴掌一样，市场立刻恢复了理智，几秒钟之内，黄金价格降到了140美元。

如梦初醒的格兰特总统最终意识到自己被古尔德彻底地愚弄了，他下令干涉黄金市场，但是，这场金融噩梦却刚刚以戏剧性的方式结束了。在给美国经济带来巨大混乱的同时，这场"黄金恐慌"迫使美国的政策制订者意识到：只要存在黄金绿钞复本位制，黄金价格的投机就具有无法阻挡的诱惑，在这场黄金囤积案的10年后，美国经济回归到金本位制。

华尔街女巫：赫蒂·格林

赫蒂·格林（1834-1916）原名叫亨里埃塔·豪兰·鲁宾逊，是一位马萨诸塞州新贝德福市商人的独生女。在格林生活的那个时代，职业妇女非常少见，到华尔街从事证券交易的妇女更是屈指可数，而格林则是那个时代的另类。格林在华尔街通过证券投资赚取了巨大的财富，许多华尔街的著名投资人都败在格林的手中。由于难以置信的投资业绩和极端吝啬的生活习惯，格林被人称为"华尔街女巫"。

格林的第一桶金是她的父母和姨妈去世后留给她的三笔遗产：8 000美元的房地产和700万美元的投资。虽然这些财产每年能够给她带来50万美元的收入，足以让格林过上衣食无忧的生活，但是格林却选择了到华尔街上让这些财富增值。

赫蒂·格林在华尔街最早的投资就是休斯敦至得克萨斯中心铁路干线之间的92公里长的铁路支线。这条铁路占地27.7万英亩，销售价格为137.5万美元。这个投资引发了格林和华尔街上另一位投资者亨廷顿的一场"血战"。格林最后用她独特的方式平息了这场战争：1899年，当得知亨廷顿正从某银行大笔举债，而且拖欠了一些贷款后，格林开始往那家银行存入大笔款项。与此同时，亨廷顿继续从那里贷款。有一天，格林来到银行，要求马上提走自己所存的160万美元。突如其来的挤兑让那家银行惊慌失措。银行马上派人到亨廷顿的办公室，要求收回刚借给他的贷款，亨廷顿被搞得几乎破产。最后格林如愿以偿地赢得了这场战争。

19世纪中期，华尔街上著名的股票交易人爱迪生·坎马克得到了内部消息——"路纳什维尔铁路公司"将削减分红。坎马克开始卖空这只股票。随着利空消息的兑现，"路纳什维尔铁路公司"的股票大幅度下跌。当坎马克准备获利平仓的时候，却发现已无处去购买"路纳什维尔铁路公司"的股票。原来，这些股票全在格林手中。为了拿到格林的股票，坎马克亲手送给她一张支票，这一次就使格林净赚了40万美元。

低买高卖是任何交易都追求的守则。在当时的华尔街上，似乎只有格林做到了这一点。她保守地进行长期投资，从不让自己的投资回报率偏离6%太远。在1890年的恐慌中，她等股市到达最低点后，才开始大笔投资铁路股票。她后来解释说："我看到好东西没人想要而变得便宜，就会大量买进，将它们藏起来。时机来临后，他们就会追着我，高价购买我持有的股票。"在1907年的恐慌中，她说："华尔街那些实力雄厚的人都来找我，想卖掉各种各样的东西，从豪宅到汽车。"

与华尔街上大手笔投资相对应的是，格林对自己非常吝啬。格林没有一个固定的居住地，她总是从寄宿公寓搬到公寓旅馆，最后再搬到廉价公寓；她与仆人讨价还价，与当地商人发生口角，穿女儿扔掉的衣服。这些吝啬的行为最终让她的婚姻走向了破裂。格林的理财生涯是有目共睹的成功，然而她的生活却丝毫不让人羡慕。

1916年，82岁的格林去世了。她留下的财产包括：蓝筹股、铁路债券以及约2 000万美元现金，总值达到1亿美元。她将她所有的财富都留给了她的两个子女。

华尔街的拿破仑：J·P·摩根

约翰·皮尔庞特·摩根（1837-1912），在一个世纪以前，像巨人一样支配着整个美国金融界。作为创建通用电气公司、美国钢铁公司以及地域广泛的铁路帝国的幕后策划人物，在几十年的时间里，摩根是美国金融界的核心银行家。他曾经两次化解了美国的金融危机，为华尔街奠定了诚信的文化基础，是华尔街历史上当之无愧的领袖。

1837年4月17日，约翰·皮尔庞特·摩根出生在美国康涅狄格州哈特福德城的一个富有的商人家庭里。摩根从小就显示出了他过人的经商才能，尤其在投机方面具备超常的判断力。摩根在德国格廷根大学受完高等教育后，就在华尔街纽约证券交易所对面成立了摩根商行。在美国南北战争时期，摩根依靠准确的情报来源，在黄金投机中赚取了巨大的利润。摩根成名之后，开始利用家族在欧洲的影响从事国际金融业务。摩根曾经帮助法国政府和墨西哥政府认购国债，使它们免于财政危机。

1894年2月，美国政府陷入了黄金危机。大量的黄金从国库中流失，由于决策机制的原因，美国政府束手无策。摩根主动向当时的克利夫兰总统提供了帮助，通过向欧洲发行债券以及在外汇市场上支持美元汇率等方式，帮助美国政府渡过了这场危机。在这次事件中，摩根起到了美国中央银行的作用，使华尔街的商业形象得到了根本性的改变。

1907年10月，美国金融市场发生了由于股票投机而造成的银行挤兑风潮。摩根清楚地知道，如果让这场危机进一步发展下去的话，带来的将是整个华尔街的灾难。于是，摩根为华尔街上的商业银行注入了3 500万美元现金，后来又追加了2 700万美元。为了阻止可能发生的投机行为，摩根还放话出去，任何在此刻试图做空股票而赚钱的人，都会受到"适当关注"。摩根银行的专家们还提出了一个行之有效的银行间结算方案，最终成功地化解了这场危机。这次事件使得许多美国商界和政界的人士都称赞摩根为"具有传统美德的商人"。

摩根的商业才能还表现在企业兼并重组上。通用电气公司(GE)和美国钢铁公司就是摩根的杰作，此外摩根还为美国铁路行业的整合作出了巨大的贡献。

晚年的摩根不但是美国金融行业的领袖，还是华尔街的道德观念的奠基人。摩根曾经在国会委员会中说道："品德比金钱和其他任何东西都重要。"

1913年，摩根的健康状况恶化。他经常感到异常疲倦、毫无食欲。医生认为这是过度疲劳引起的，建议他去度假。1913年1月7日，摩根乘船前往开罗。出发前，他悄悄立下了遗嘱："把我埋在哈特福德，葬礼在纽约的圣·乔治教堂举行。不要演说，也不要人给我吊丧,我只希望静静地听黑人歌手亨利·巴雷独唱。"旅行途中,摩根的体力迅速衰减。在从开罗回航途中,摩根处于病危状态。"啊,我要爬上山了"。这是华尔街领袖与世长辞时说的最后一句话。

华尔街巨头：雅各布·谢弗

雅各布·谢弗(1847—1920)是一位出生在德国的美国银行家和慈善家，曾经以巨额贷款资助日本军队击败沙皇俄国，使之赢得了日俄战争。

在谢弗的华尔街生涯中，最引人注目的是他与摩根的"铁路大战"。1901年，"联合太平洋铁路"的总裁哈里曼在谋求"北太平洋公司"控制的一小段对他能够造成威胁的铁路的控制权时遭到了拒绝，于是哈里曼决定通过收购"北太平洋公司"来永远解决这个问题。与哈里曼合作的银行家是雅各布·谢弗，而"北太平洋公司"的控制人希尔则是摩根银行的重要客户。面对强敌，雅各布·谢弗没有丝毫的畏惧，他很快就悄悄地把北太平洋公司的大部分优先股收购到手，他还持有了相当数量的普通股票，这使得哈里曼控制了绝对多数的北太平洋公司的股票。而此时摩根还在欧洲，他对此一无所知。摩根银行最终还是发现了这个秘密的计划并立刻致电摩根，要求他授权银行在5月6日（星期一）开盘购买15万股北太平洋公司的普通股票。于是摩根和谢弗之间的战争开始了。

星期一早上一开盘，股票抢购战就开始了，这时两家银行总共持有北太平洋公司80万普通股中的63万股,而到了星期二收盘的时候,他们掌控的数字就变成了75.4万,市场上就剩下了区区4.6万股在流通。股票空头们都在盼望股价的下跌,然而从谢弗介入这支股票那一刻起,就是注定了股价要飙升。当空头们意识到这是摩根和谢弗两个人的较量时,一切都太晚了。他们只能抛出自己手中的其他股票,然后以高价购买北太平洋股票来履行合约。对北太平洋股票的需求量如此之巨大,空头之间也展开了疯狂的争夺。有一个经纪人为了将500股北太平洋股票运到纽约,甚至不惜专门雇了一列火车。还有一位刚从郊区返回的场内经纪人,由于不太知情,很冒失地承认自己有1万股北太平洋股票,结果被扯着他的衣服要买他股票的空头剥了一个精光。"北太平洋公司"的股价最高时达到了1 000美元一股。

在这场浩劫中,很多空头已经倾家荡产了,股票价格还在上扬,整个华尔街被恐慌所吞噬着,人们都陷入疯狂的境地。到星期四下午,这两位华尔街巨头开始对市场的变化担心了,J·P·摩根和雅各布·谢弗签订了紧急停战协定。两家银行宣布不再购买北太平洋公司的股票,同时允许所有的空头以150美元的价格平仓,把很多人又从破产的边缘拉了回来。战争结束了。

雅各布·谢弗和摩根的这场"铁路大战"给华尔街带来了重创,事过之后,华尔街的投资人都开始重新审视自己的投资行为,这使得华尔街在相当长的一段时间内重归平静。

骗子：查尔斯·庞齐

查尔斯·庞齐是美国20世纪初著名的骗子，他的名字已经成为一个英语单词。"Ponzi"的意思是老鼠会。

犯罪没有使查尔斯·庞齐致富，无论他如何努力，试了多少次，都不成功。庞齐最大的一次骗局是1920年在波士顿设下的，他当时的承诺是："90天让你的钱翻一倍"，或"45天让你的钱增加50%。"急急上钩的投资者们既有生意人，也有孤儿寡妇，他们在短短几个月里送给庞齐1 500万美元。这个5英尺高的意大利移民，钱多得把保险柜都装满了，于是就把钱塞在办公桌的抽屉和废纸篓里。他推出的神奇的投资计划是在世界各地购买万国邮政联盟的息票，然后从汇率的波动中获取暴利。

不用说，这个计划破灭了。后来发现，邮政息票在每年的全部发行量从不超过550万美元。庞齐开始用后面投资者的钱支付前面的投资者。他在锒铛入狱、被控以邮政欺诈罪的时候，资产为400万美元，负债为700万美元。

根据联邦控罪，庞齐只服刑4个月。但他出狱后，马萨诸塞州又以盗窃罪判他7~9年的徒刑。庞齐在交保假释期间，又卷入了一场欺骗性的佛罗里达土地买卖，致使徒刑增加了1年。与此同时，他弃保出逃，并在新奥尔良被抓获。庞齐还因为从加拿大偷运外国人入境被定罪，并在加拿大被判决犯有伪造罪。他在服满所有刑期后，于1934年被引渡回意大利。第二次世界大战前夕，庞齐移民到巴西，在那里靠教英语和领取巴西失业救济金度日。

庞齐的健康在1940年后恶化。他的右眼几乎失明，动脉硬化，并患有血栓，因此无法移动左臂和左腿。但是，这个骗子即使成了废人，仍然保存着一些愉快的回忆。他在1948年说，他一度计划从苏联骗取20亿美元，办法是保证向其偷运黄金，然后不认账。但是，庞齐再也没有得到机会。次年，他因为脑血栓死于里约热内卢一家医院的慈善病房。《纽约时报》报道说："病房里，在他两边的病床上，一位是咳嗽得很厉害的老人，另一位是个大部分时间都在凝视着天花板的黑人。"庞齐的埋葬费是用他从巴西养老金中辛辛苦苦攒下的75美元支付的。

改革先锋：查尔斯·美里尔

查尔斯·E·美里尔(1885–1956)是美林证券的创始人，华尔街上投资银行经营改革的先锋。美里尔第一个将诚信的理念写入了公司的章程之中，他所创办的美林证券为华尔街20世纪的"黄金时代"奠定了基础。

美里尔1885年出生于美国佛罗里达州，毕业于密歇根大学。离开密歇根大学后，美里尔进入了华尔街，并在布尔商号找到了一份工作，为一些小公司提供低等级的公司债券承销。这是一项崭新的业务，美里尔运用了一些在华尔街上很不寻常的销售技巧，他直接投寄邮件，向小投资者推销并鼓吹这些新的业务。这个项目很快遭遇了噩运，在很短的时间内，发行债券的公司便开始赖账。美里尔不得不向许多投资者写信，为这笔糟糕的投资而向他们道歉。从此，美里尔从这件倒霉事中认识到良好、透明的财务信息的价值。虽然最初的工作经验并不顺利，可美里尔还是准确地预见到：扩张是未来的浪潮，仅仅是战争打乱了扩张的脚步，他决定自己单干。

1914年初，美里尔和他的合伙人林奇成立了美林公司。在美里尔的倡导下，美林公司建立起了一支强大的销售队伍，通过向客户销售证券而积累了大量的资本。在20世纪20年代末期，正当华尔街喜气洋洋见证股市进军历史新高的时候，美里尔开始对股票市场深感不安。在美里尔的坚持下，美林公司于1928年开始在市场上出售自己的持股，以减少自己的风险。随之而来的"大萧条"几乎击垮了华尔街上的证券行业，而美林证券则成功地避开了这场危机，这使得美林证券得以等待时机一展宏图。

在20世纪30年代末期，正当华尔街对于"大萧条"所带来的伤痛还心有余悸的时候，美里尔却充满了乐观的情绪，他意识到数百万的新客户正在涌向证券市场。美里尔效仿连锁经营的模式，开始在全国开设美林证券的分支机构。在美林证券标准化的服务下，新生代投资者迅速涌入市场，造就了华尔街上的又一轮牛市。

美里尔在经营中敢于创新，他所领导的美林证券是第一个对外公开年报的投资银行，也是华尔街上第一个股票上市的投资银行。

1944年，美里尔由于突发心脏病而宣布退休，这时的美林证券已经奠定了持续发展的基础。美里尔一生中积累了大量的财富，这些财富的很大一部分被用于资助国家的教育事业和宗教组织。

华尔街教父：
本杰明·格雷厄姆

股市向来被人视为精英聚集之地，华尔街则是衡量一个人智慧与胆识的决胜场所。本杰明·格雷厄姆（1894-1976）作为一代宗师，他的金融分析学说和思想在投资领域产生了极为巨大的震动，影响了几乎三代投资者，如今活跃在华尔街上的数十位掌管上亿资产的投资管理人，都自称为格雷厄姆的信徒，他享有"华尔街教父"的美誉。

本杰明·格雷厄姆1894年5月9日出生于伦敦，后随父母移居纽约。1914年，格雷厄姆以荣誉毕业生和全班第二名的成绩从美国哥伦比亚大学毕业。但为了改善家庭的经济状况，格雷厄姆需要找一份报酬较为优厚的工作，为此，他放弃了留校任教的机会，在卡贝尔校长的力荐下步入了华尔街。

华尔街上的"纽伯格-亨德森-劳伯公司"给格雷厄姆提供了一个很好的实践与训练场所，使这位未来的股票大师开始全面熟悉证券业的一整套经营和管理知识，了解了包括证券买卖程序、行情分析以及进货与出货时机等实战操作方法。不久，格雷厄姆就被提升为证券分析师，开始了他一生的事业。

1923年初，格雷厄姆成立了格兰赫私人基金，资金规模为50万美元。他选中的第一个投资目标就是赫赫有名的美国化工巨头——杜邦公司。杜邦公司持有大量通用汽车的股票，而市场上却低估了杜邦公司手中通用汽车股票的价值。格雷厄姆抓住了这个机会，不仅大笔买进杜邦公司的股票，而且更大笔地卖空了通用汽车公司的股票。两个星期后，市场迅速对这两家公司股价之间的差距作出了纠正：杜邦公司的股价一路攀升，而通用汽车公司的股价随之下跌。格雷厄姆这次投资的回报率高达23%，使格兰赫基金赚了大钱。格兰赫基金运作一年半，其投资回报率高达100%以上，远高于同期平均股价79%的上涨幅度，但由于股东与格雷厄姆在分红方案上意见存在分歧，格兰赫基金最终不得不以解散而告终。

1929年开始的"大萧条"给格雷厄姆带来了重创。当时，格雷厄姆认为股市已经到底，就通过贷款买进了大量的股票，然而股票市场却陷入了大崩溃。格雷厄姆在这段时间离开了华尔街，开始撰写著名的《证券分析》一书，并于1934年出版。

格雷厄姆认为，作为一个成功的投资者，应遵循两个投资原则："一是严禁损失，二是不要忘记第一原则。"根据这两个原则，格雷厄姆提出两种安全的选股方法。第一种选股方法是以低于每股净资产2/3的价格买入股票，第二种方法是购买市盈率低的股票。格雷厄姆解释说，以低于每股净资产2/3的价格买入股票，还要构建投资组合；这类股票在股市低迷时比较常见，而在行情上涨时很少见。由于第一种方法受到很大的条件限制，格雷厄姆建议把重点放在第二种选股方法上。

格雷厄姆所提出的上市公司价值评估法，使投资者找到了选股依据。《证券分析》一书的出版震动了美国和华尔街的投资者，一时间，该书成了投资人士的必读书目。格雷厄姆也从此奠定了他"华尔街教父"的不朽地位。

股神：沃伦·爱德华·巴菲特

沃伦·艾德华·巴菲特（1930—）是美国著名投资家、企业家和慈善家，被世界投资者尊称为"股神"。他凭借睿智的投资，汇聚了非常庞大的财富。巴菲特目前拥有约620亿美元的净资产，是《福布斯》杂志公布的全球首富。

巴菲特出生于美国内布拉斯加州的奥玛哈市。他的父亲霍华·巴菲特是一名证券经纪人，也是一位国会议员，他11岁的时候就开始在父亲的证券经纪行工作。巴菲特原先就读于宾夕法尼亚大学的沃顿商学院，后来转到内布拉斯加大学完成学业。巴菲特阅读了本杰明·格雷厄姆的名著《聪明的投资人》后，进入了哥伦比亚大学商学院学习。在本杰明·格雷厄姆的亲自指导下，巴菲特拿到了经济学的硕士学位。在师从格雷厄姆期间，巴菲特充分地吸收了导师的投资理念，成为班级中的佼佼者。

1956年，巴菲特开始了他的创业旅程。他的第一个投资合伙事业是"巴菲特联合有限公司"，他出资100美元，担任一般合伙人，而其他7位有限合伙人，则提供105 000美元的资本用于证券投资。巴菲特后来又陆续创立了几个合伙事业，最后一起合并成"巴菲特合伙事业有限公司"。在1956到1969年间，"巴菲特合伙事业有限公司"的资产以每年30%以上的复利增长，而此时市场的增长率只有11%。

巴菲特的投资理念是："投资股票就是购买企业。"在这个理念的指导下，巴菲特精选优质企业进行长期投资。受到好友及事业伙伴查理·芒格的影响，他的投资风格跳出了原本恪守的格雷厄姆原则，开始专注在一些具有持久性竞争优势的企业上。巴菲特将这些优势比喻成"护城河"（一定程度的垄断）。"护城河"使得企业将竞争对手隔绝在安全距离之外。"可口可乐"可以说是最典型的范例——因为即使口味类似，消费者还是愿意支付较高的价钱来购买可口可乐，而不愿意尝试其他饮料，这种由消费习惯和品牌效应带来的"护城河"，使得可口可乐得以持续快速地成长。

"巴菲特合伙事业有限公司"在1962年收购了"波克夏·哈萨威公司"。他利用"波克夏·哈萨威公司"多余的资金，收购私人企业，购买公开上市公司的股权，使该公司成为全球最大的控股公司。巴菲特的核心策略是收购保险公司，利用保险公司庞大的现金（即"浮存金"）进行投资。他先后投资了喜诗糖果公司、水牛城新闻日报、可口可乐公司、吉列公司、华盛顿邮报、内布拉斯加家居大世界、所罗门证券公司以及中国石油股份有限公司等，每一次投资都带来了丰厚的回报。"波克夏·哈萨威公司"借此进入世界500家大公司的行列，而巴菲特也成为了世界首富。

期货投机家：纳尔逊·亨特

纳尔逊·亨特（1926–）是美国知名的期货投机家，曾任美国石油公司执行董事，著名的亿万富豪。纳尔逊·亨特还是美国成功的良种马饲养人。在20世纪80年代，纳尔逊·亨特和他的兄弟威廉·亨特试图操纵美国白银市场，最终破产。

20世纪70年代初期，美国白银的价格在每盎司2美元附近徘徊。由于白银是电子工业和光学工业的重要原料，纳尔逊·亨特和威廉·亨特图谋从操纵白银的期货价格中获利。

亨特兄弟开始在期货市场积累白银合约，这使得白银价格从1973年12月的每盎司2.90美元攀升到每盎司6.70美元。此时，亨特兄弟已经持有3 500万盎司的白银合约。当时墨西哥政府囤积了5 000万盎司的白银，购入成本均在2美元以下。墨西哥政府决定立即以每盎司6.70美元的价格抛售白银，使得银价跌回4美元左右。

在此后的4年间，亨特兄弟更加积极地买入白银。1979年，亨特兄弟通过不同的公司拥有和控制着数亿盎司的白银。随后，亨特兄弟开始在期货市场通过"扫盘"的方式推高白银的价格。1980年1月17日，银价已涨至每盎司48.7美元，这个价格是一年前的8倍。亨特兄弟疯狂的投机活动，造成了白银市场的供求状况与实际的生产和消费相脱节，白银的市场价格严重地偏离了其实际价值。

亨特兄弟的投机行为给美国工业界造成了巨大的影响，一些以白银为原材料的工业企业开始向美国国会施压，敦促他们尽快制止市场上的白银投机行为。芝加哥期货交易所理事会鉴于形势严峻，开始缓慢地推行交易规则的改变，把期货保证金提高了6倍并出台了"只许平仓"的规则。

白银价格的上涨刺激了美国民众抛售手中白银的行动，美国很多家庭开始将生活中使用的银器在市场上出售。这样一来，市场中白银的流通量大大地增加了。面对如潮的白银抛售合约，亨特兄弟接盘失败，白银价格开始持续下滑。

白银价格下滑后，索还贷款的要求降临在亨特兄弟面前。他们在此次操作中，用贷款来买进白银，再用白银抵押来贷更多的款项。现在作为抵押品的白银价格日益下降，银行开始要求亨特兄弟追加现金。1980年3月25日，纽约的银行向亨特兄弟追索1.35亿美元，但是他们无力偿还。银行将亨特兄弟抵押的白银在市场上出售以回避风险，白银倾泻到市场上，价格崩溃了。

亨特兄弟总计欠银行10亿美元的债务，他们最后宣布了破产。亨特兄弟手中的白银、石油公司的股票以及饲养的良种马都没有逃脱被拍卖出售的命运。

套利大王：伊万·博斯基

伊万·博斯基是华尔街上典型的反面人物。在电影"华尔街"中，投机大亨戈登·盖格的人物原型就是博斯基，而那句著名的台词"贪婪是好东西"则出自博斯基之口。

伊万·博斯基靠自我奋斗白手起家，其父是俄国移民。博斯基开始的职业是在底特律一家小公司当会计。博斯基与亿万富翁的女儿西玛结婚后，开始来到华尔街从事套利业务。起初，博斯基在华尔街几家做套利交易的公司里操盘，结果并不那么理想。1975年，博斯基决定创建自己的套利公司。在岳父的慷慨相助下，博斯基用60万美元作资本，创立了自己的公司。他在自己的公司里采用了一条前所未有的规矩：赚钱时留下55%的利润，而赔钱时合伙投资人则承担95%的损失。这个办法使他敢冒最大的风险，他经常拿着上亿万美元在"合并公司交易"中进行赌博，而且往往会取得令人羡慕的成功。人称"套利大王"。到20世纪80年代中期，博斯基公司的资产已经达到了16亿美元，他个人的财产也超过2.3亿美元，跻身于《财富》杂志所列的最富有的400名美国人的行列。

20世纪80年代中期，博斯基在"海湾石油"并购投机中，由于判断失误差一点破产。从此以后，博斯基开始建立自己在华尔街的情报网。他首先拉来了当时皮伯迪证券公司并购部门的合伙人西格尔，利用现金换情报的方式来获取内幕消息。博斯基又与当时德雷克赛尔公司并购业务部门的高级经理丹尼斯·莱文建立了"合作"关系。这些内幕情报使博斯基在投机中如虎添翼，圈内给他起了一个"小猪"的绰号。

20世纪80年代后期，博斯基开始与"垃圾债券大王"米尔肯联手。米尔肯为博斯基发行10亿美元的垃圾债券作为套利资本，由此博斯基掌握了近三十亿美元的购买能力。在此基础上，博斯基和米尔肯利用资金优势和内幕信息开始影响并购交易双方的股票价格，通过"绿票讹诈"等方式赚取了大量的利润。

博斯基在其鼎盛时期在美国投资界有着较大的影响力。在一次为美国大学生的演讲中，博斯基说出了在当时颇有争议的一句"名言"："贪婪是好东西，贪婪是健康的，你应该做到贪婪并自我感觉良好。"

1988年，博斯基原先情报网中的西格尔和丹尼斯·莱文由于涉嫌内幕交易被美国证券监管机构调查，博斯基的内幕交易罪行也因此浮出水面。1989年，博斯基因内幕交易罪被美国证券交易委员会罚款2亿美元，并被联邦法院判处3年徒刑，终生禁入证券市场。

垃圾债券大王：
迈克尔·米尔肯

迈克尔·米尔肯曾经在20世纪80年代被称为"垃圾债券大王"。他是自J·P·摩根以来美国金融界最有影响力的风云人物，曾经影响并改写了美国证券业的发展历史。

迈克尔·米尔肯1946年出生于一个犹太家庭。在加州大学伯克利分校毕业后，靠奖学金完成了沃顿商学院的工商管理硕士课程，并以优异的成绩毕业。20世纪70年代初期，米尔肯进入德雷克赛尔证券公司，专注于"垃圾债券"交易业务。

1974年，美国的通货膨胀率和失业率攀升，信用严重紧缩，许多高等级债券都被降低了信用等级，沦落为"垃圾债券"。此时，米尔肯敏锐地发现，由于美国在二战后逐步完善了许多监管措施，国家极力保护投资者不会因为企业的破产或拖欠债务而遭到损失，因此债券的信用等级越低，其投资者得到的回报就越高，经过风险平衡后，"垃圾债券"的回报远比高等级债券要高。根据上述结论，米尔肯开始构建"垃圾债券"的交易平台。当时，拥有大量"垃圾债券"的"第一投资者基金"接受了米尔肯的意见，坚定地持有了这些"垃圾债券"。在1974年至1976年，"第一投资者基金"连续3年成为全美业绩最佳的基金。

米尔肯在德雷克斯投资公司成立了专门经营"垃圾债券"的交易部，由此开始了他"垃圾债券"的投资之路。他四处游说，寻找愿意购买"垃圾债券"的投资者。很快，听从了米尔肯建议的投资者获得了50%的年收益率。米尔肯和德雷克斯公司因此声名鹊起，成为"垃圾债券"的垄断者。

到20世纪70年代末期，由于米尔肯的引领，"垃圾债券"已经变成了非常抢手的投资品。由于数量有限，"现有的垃圾债券"已经无法满足众多基金公司的购买欲望，于是他开始替一些小型公司和新兴公司销售"垃圾债券"，这一举动给小型公司的业务发展注入了动力。比如美国MCI公司，创业时仅有 3 000万美元的资本。凭借"垃圾债券"，MCI公司开始向世界上最大的电信公司——美国电报电话公司(AT＆T)发出了挑战。米尔肯为其先后销售了20亿美元的"垃圾债券"，MCI公司成功地打破了AT＆T对长途电话市场的垄断。

1977年到1987年，米尔肯通过"垃圾债券"共筹集到了930亿美元的资金。德雷克斯公司在"垃圾债券"市场上的份额也增长到了2 000亿美元。米尔肯成了华尔街上名副其实的"垃圾债券大王"，他个人的年收入也随之飙升。1986年米尔肯的交易佣金收入就高达5.5亿美元。

由于"垃圾债券"市场缺乏有效的监管，米尔肯随着在金融市场权利的膨胀开始从事一些违规交易，最终受到指控，被判处10年监禁，赔偿和罚款11亿美元，终生禁入证券行业。尽管如此，他所开创的"垃圾债券"作为一种金融工具已被广泛地接受，成为中小企业筹措资金的重要途径，也是杠杆收购的重要手段。

股票天使：彼得·林奇

彼得·林奇是当今全球最著名的基金经理。他是麦哲伦共同基金的创始人，是杰出的选股专家，被称为"股票天使"。他把投资变成了一种艺术。美国《时代杂志》评选他为当代首席基金经理。在彼得·林奇担任麦哲伦基金经理期间，投资者如果在1977年投入1 000美元，到1990年可增值为28 000美元，增幅达到28倍。

1969年，彼得·林奇从沃顿商学院毕业，进入富达基金管理公司，最初担任金属商品分析师，4年后升任富达公司的研究主管。1977年，彼得·林奇被任命为富达公司旗下麦哲伦基金经理。

当时的麦哲论基金，资金仅有2 200万美元，其业务也仅局限于几家较大的证券公司中。对于林奇而言，麦哲伦基金给他提供了一个可以施展才华的舞台。为了取得良好的投资业绩，彼得·林奇投入了所有的心血和精力。他每天工作12个小时，阅读几英尺厚的研究材料；他每年旅行16万公里，到各上市公司进行实地考察，与五百多家公司的经理进行电话交谈。这些行动使彼得·林奇拥有了丰富的投资信息，投资绩效一直在美国基金中保持前列。

20世纪70年代末期,美国第三大汽车生产商克莱斯勒公司陷入了财务危机,公司账面出现连续巨额亏损。当时华尔街的投资者都认为克莱斯勒公司即将破产,公司股票价格跌到了2美元一股而无人问津。彼得·林奇亲自走访了克莱斯勒公司,了解到该公司有一款越野车市场前景非常看好,美国政府准备提供贷款使公司免于破产。彼得·林奇于是购买了一亿股克莱斯勒公司的股票,平均价格2.5美元。后来克莱斯勒公司起死回生,股票价格最高涨到了56美元。这一次大手笔的投资是彼得·林奇的成名之作,并奠定了他投资大师的地位。

彼得·林奇还创造了常识投资法。他认为普通投资人一样可以按常识判断来战胜股市和共同基金。他自己在选股中往往会从日常生活中得到有价值的信息,他特别留意妻子卡罗琳和3个女儿的购物习惯,每当她们买东西回来,他总要扯上几句,了解她们对相关商品的看法。1971年的某一天,彼得·林奇的妻子购买了一件"莱格斯"牌紧身衣,这使彼得·林奇发现了"莱格斯"牌紧身衣将成为在市场热销的商品。他为麦哲伦基金购买了生产这种紧身衣的"汉斯公司"的股票,没过多久,股票价格竟达到了购买价格的6倍。

1990年,彼得·林奇在管理麦哲伦基金13年后宣布退休。在他管理麦哲伦基金期间,这个原先资产规模2 000万美元的小基金,已经成长为规模达到140亿美元的巨型基金,全国有200万人成为基金的投资者。

市盈率鼻祖：约翰·聂夫

约翰·聂夫（1931—）在由美国《纽约时报》（2006年）评出的全球十大顶尖基金经理人中排名第六（前五名是沃伦·巴菲特、彼得·林奇、约翰·邓普顿、本杰明·格雷厄姆、乔治·索罗斯），被称为"市盈率鼻祖、价值发现者、伟大的低本益型基金经理人"。约翰·聂夫在他31年的投资生涯中，创造了年均收益率超越市场3%这一奇迹。

约翰·聂夫生于1931年，1955年进入克利夫兰国民市银行工作，1958年成为信托部门的证券分析主管，1963年进入威灵顿管理公司并在次年成为先锋温莎基金的投资组合经理人。在执掌温莎基金的31年间，约翰·聂夫创造的总投资报酬率高达55.46倍，31年累积平均年复利报酬率达到了13.7%，年平均收益率超过市场平均收益率的3%以上。约翰·聂夫的成绩在世界基金史上尚无人能与其匹敌，由于其操作绩效突出，至1988年年底，先锋温莎基金资产总额达到了59亿美元，成为当时全美最大的资产与收益基金之一。到1995年约翰·聂夫卸任基金经理人之时，该基金管理的资产达到了110亿美元。约翰·聂夫还曾经义务地为宾州大学管理捐赠基金，在16年内，宾州大学捐赠基金获得了10倍的投资报酬。

约翰·聂夫从1964年成为温莎基金经理后的30年中，始终采用了一种投资风格，其要素是：低市盈率；基本增长率超过7%；收益有保障；总回报率相对于支付的市盈率，两者关系绝佳；除非从低市盈率得到补偿，否则不买周期性股票；成长行业中的稳健公司；基本面好。

约翰·聂夫曾说："寻找低市盈率股票的所有技巧都是为了一个目标：计算公司业绩好转后的股价区间。温莎基金买进的任何股票都是为了卖出。如果其他投资者看不到你一直在试图让别人看到公司的闪光点，那么你永远无法实现期待中的回报。你准备卖出一只股票的时候这只股票的价格是否会如你所愿？谁也无法保证，但是采取低市盈率策略至少能够让概率的天平倾向你那一边。"

温莎基金出售股票的最终原因只有以下两条：一是基本面变坏，二是价格到达预定值。

金融大鳄：乔治·索罗斯

乔治·索罗斯是世界上最著名的对冲基金经理，号称"金融天才"。从1969年建立"量子基金"至今，他创下了令人难以置信的业绩。"量子基金"以平均每年35%的综合收益率令华尔街同行望尘莫及。他具有左右世界金融市场的能力，他的一句话就可以使某种商品或货币的交易行情突变，被人们称为"金融大鳄"。

1930年8月12日，乔治·索罗斯出生在匈牙利的布达佩斯市，他出生时的匈牙利名字叫吉奇·索拉什，后来的英语化的名字为乔治·索罗斯。1944年，随着纳粹侵略匈牙利，身为犹太民族的索罗斯家庭开始了逃亡的生涯。二战结束后，索罗斯曾经前往瑞士和英国寻求发展，并于1949年进入伦敦经济学院学习。在求学期间，索罗斯系统地吸收了英国哲学家卡尔·波普的哲学思想，为他后来的金融生涯提供了独特的思考方法。1953年，索罗斯来到美国华尔街从事套利业务。他先后供职于华尔街上的几家公司，直到后来遇到了他的搭档吉姆·罗杰斯，并一起成立了"索罗斯基金管理公司"。索罗斯和罗杰斯超群的投资才能使"索罗斯基金"呈量子般的增长，到了1980年12月31日为止，"索罗斯基金"的增长率为3365%，乔治·索罗斯这个名字开始在华尔街中引人注目。1979年，索罗斯决定将公司的名字改为"量子基金"。

1992年，索罗斯发现了欧洲由于德国的经济增长强劲而出现了汇率体系不稳定的情况。当时英镑对马克的比价从2.95跌到了2.79。英国政府为了防止英镑继续下跌，已经下令英格兰银行购入33亿英镑来干预市场，但是收效甚微。1992年9月15日，索罗斯决定大量放空英镑。他在这场天量级的豪赌中抛售了70亿美元的英镑，购入60亿美元马克，同时，他考虑到英国政府将通过提高利率来挽救英镑汇率，于是又把目光盯在了利率期货市场。索罗斯一连串的套利行为，使得英镑汇率出现了大幅度的下跌。英格兰银行被迫两次提高利率，动用了价值269亿美元的外汇储备购买英镑，但最终还是遭受了惨败。在两周的时间里，索罗斯从英镑空头交易中获利已经接近十亿美元，在英国利率期货上的多头和意大利里拉上的空头交易，使他的总利润高达20亿美元。索罗斯因此被《经济学家》杂志称为"打垮了英格兰银行的人"。

"东南亚金融危机"以后，国际舆论对于对冲基金极为不利，世界各国都把对冲基金作为重点监管的对象。在这种情势下，索罗斯逐渐改变了原来"量子基金"凶悍的操作方法，并从前台退居到了幕后。

华尔街"黄金眼"：吉姆·罗杰斯

吉姆·罗杰斯是美国著名的投资者、经济分析师、哥伦比亚大学客座教授。他曾与索罗斯共同创立了量子基金，目前以投资于商品期货而闻名，有"商品大王"之称。罗杰斯对于证券市场趋势的判断深刻而准确，巴菲特曾称赞他"对于趋势的判断无人能比"。

1942年10月19日，吉姆·罗杰斯出生于美国亚拉巴马州。1964年耶鲁大学毕业后，罗杰斯开始在华尔街工作，当时他还未能分清债券和股票，后来到英国牛津大学深造，取得了硕士学位。1970年，罗杰斯认识了索罗斯，第二年他们合伙开创了"索罗斯基金"（即后来的"量子基金"）。罗杰斯负责研究选股，索罗斯负责交易，"量子基金"获得了举世瞩目的成绩。1980年，由于工作上的分歧，罗杰斯带着作为基金合伙人所分得的数千万美元离开了"量子基金"，开始了他的旅行家、学者兼证券投资人的生涯。

吉姆·罗杰斯在美国哥伦比亚大学商学院担任财务学客座教授，讲授证券投资课程，在讲课中向学生传授证券分析和证券交易的实战知识，深受学生欢迎。由于座位的原因，哥伦比亚大学不得不控制选修罗杰斯课程的人数，许多华尔街的资深人士也到罗杰斯的课堂中听讲。

罗杰斯特别擅长跨国投资，为了取得第一手资料，他进行了两次世界旅行。第一次在1980年，骑摩托车到中国旅行。第二次是从1990年到1992年，骑摩托车环游世界，总计旅程达到了65 065公里。罗杰斯把他的旅行称作"环球投资旅行"。每到一个国家，他都对这个国家的政治、经济以及股票市场进行考察，从中选出投资的最优目标。1984年5月在奥地利考察时，他发现奥地利股市存在巨大的投资机会，于是开始调集资金对奥地利股市进行投资。几个星期以后，他在报纸上发表文章，阐述了应该投资奥地利股市的理由，结果响应者云集。美国、英国以及德国的投资者纷纷买入奥地利股票，当年，奥地利股市就上涨了125%。等到1987年春天，罗杰斯将他在奥地利的股票全部售出时，奥地利股市已经上涨了5倍，罗杰斯曾一度被称为"奥地利股市之父"。

20世纪90年代，罗杰斯开始将投资目标锁定在商品期货上，1998年，推出了"罗杰斯国际商品指数"（RICI），并着手成立国际商品投资基金。在2005年到2007年这段时间，罗杰斯的商品投资基金获得了巨大的收益。

进入21世纪，罗杰斯极看好中国经济的发展，他号召世界各国的投资者投资中国股票。罗杰斯现在把家搬到了新加坡，并鼓励他的女儿学习汉语。

成长股投资策略之父：
菲利普·费雪

菲利普·费雪（1907-2004）是现代投资理论的开路先锋之一、成长股投资策略之父。他是华尔街极受尊重和推崇的投资专家之一。

费雪于1907年出生于美国加利福尼亚州三藩市。1928年毕业于斯坦福大学商学院，并受聘于三藩市国安盎格国民银行成为一名证券分析师。1931年3月1日，费雪在华尔街开设了一家投资顾问公司，开始了他的创业历程。最初他的办公室很小，没有窗户，只能容下一张桌子和两把椅子。1954年到1969年是费雪投资顾问事业飞黄腾达的15年，他所投资的股票升幅远远超越指数。例如，费雪在1955年买进的"德州仪器公司"到1962年上升了14倍；他所投资的摩托罗拉公司股价上升了19倍，折合每年平均增长15.5%。1961年和1963年，费雪受聘于斯坦福大学商学研究所讲授高级投资课程。直到1999年，92岁高龄的费雪才宣布退休。

与本杰明·格雷厄姆恰恰相反，菲利普·费雪是"高风险"股票质量分析专家，侧重分析公司内在价值的增长因素、公司发展前景和管理能力，他建议投资者购买具有成长前景的股票。他还建议投资者投资组合集中化，即仅买入一种或极少数几种股票，以便于跟踪分析。费雪在成长股的挖掘中重视公司经营层面的质化特征，这些是现代投资管理理论的重要内容。他强调通过"闲聊"的方式来发现成长股，后来很多投资者将这种方法付诸实施，取得了良好的效果。菲利普·费雪与价值型投资之父本杰明·格雷厄姆同为投资大师巴菲特的启蒙老师。巴菲特曾经推崇地说："我的血管里85%流着格雷厄姆的血，15%流着费雪的血。"

菲利普·费雪选择成长股的标准是："公司必须能够凭借销售或研发取得超额利润，公司的利润必须相对成长。"为了发掘这些公司，菲利普·费雪提出了15项检验标准。1959年，菲利普·费雪的《怎样选择成长股》一书问世，从那时开始，这本书就成了投资者的必备教科书。

成本管理大师：桑迪·韦尔

桑迪·韦尔是当代华尔街上最富传奇色彩的职业经理人。他经过不懈的努力和奋斗，从一个名不见经传的华尔街小人物，成长为花旗银行的CEO。桑迪·韦尔的奋斗历程，充分代表了美国金融界自强不息的文化精髓，是华尔街创业者的楷模。

桑迪·韦尔1933年3月出生于纽约布鲁克林的一个犹太移民家庭。1955年，他从康奈尔大学文学专业毕业后即与校友莫舍尔结了婚。桑迪·韦尔谋得的第一份工作就是在华尔街做信差，每月只有150美元的薪酬。当时这位出身卑微、带着浓重方言口音的青年人，在华尔街显得毫不起眼。凭借着加倍努力和出众的才华，桑迪·韦尔拿着从母亲那里借来的3万美元，同其他3个合伙人建立了西尔森证券公司。此后，经过一系列的兼并与收购，西尔森证券公司开始不断地膨胀，最终在1980年被著名的金融企业——美国运通收购。那时候，桑迪·韦尔的身价已经超过了一亿美元，似乎一切好运都降临在了他的身上。可是好景不长，5年后，桑迪·韦尔因在权力斗争中失败而从美国运通公司辞职。

桑迪·韦尔失业长达整整13个月。无奈之下，他与同事詹姆斯·迪蒙合伙在曼哈顿租了间办公室，开了家金融服务公司。桑迪·韦尔不断地购买价值被低估的公司，从普瑞玛瑞卡商业信贷公司到史密斯·巴尼证券公司(所罗门美邦的前身)；从旅行者保险公司到数年前被运通收购的属于自己的西尔森证券公司。通过一连串并购和整合之后，桑迪·韦尔终于在华尔街建立起了属于自己的第二个金融帝国——旅行者集团。

1998年，桑迪·韦尔主导了华尔街金融史上最精彩的并购案：旅行者集团与花旗银行合并，建立了全球最大的金融公司——花旗集团。这一合并当时被称为"美国历史上最大的一桩非法合并案"。这项700亿美元的并购案，使得长期以来禁止金融混业经营的《斯蒂格尔法案》成了一张废纸。在新成立的花旗集团中，桑迪·韦尔同前花旗公司的CEO里德一起担任联席CEO。在几次高层权力争斗中，桑迪·韦尔独掌了花旗集团的经营大权。

桑迪·韦尔擅长削减公司的运营成本，被华尔街称为"成本管理大师"。担任花旗集团CEO之后，桑迪·韦尔开始大刀阔斧地对公司原先的官僚体制进行改革，收到了巨大的成效。从2000年到2003年，花旗集团的主营业务收入和净利润持续快速增长，桑迪·韦尔也因此获得了"管理终身成就奖"。

华尔街王中之王：
史蒂夫·施瓦茨曼

　　史蒂夫·施瓦茨曼被称为"华尔街王中之王"，他是黑石集团的联合创始人。20年前，史蒂夫·施瓦茨曼离开雷曼兄弟创办黑石集团时，只有两个合伙人。21年后，靠着一系列眼花缭乱的交易以及破纪录的并购，黑石集团已经成为世界上最大的股权投资公司。

　　22岁从耶鲁大学毕业后，施瓦茨曼以优异的成绩考进了哈佛商学院。从哈佛毕业后，施瓦茨曼仅在一家小公司干了两个月后就很快跳槽到了当时华尔街著名的投资银行雷曼兄弟公司。在雷曼兄弟公司，施瓦茨曼31岁时就升任为公司的合伙人，成为当时雷曼兄弟高管中最年轻的合伙人之一。当时担任雷曼兄弟董事长兼首席执行官的皮特·彼得森不仅对施瓦茨曼非常赏识，而且两人建立了十分不错的私人友谊。然而，雷曼兄弟不久之后爆发的萧墙之乱打断了施瓦茨曼的商业人生轨迹。在彼得森辞职并离开雷曼兄弟公司后，施瓦茨曼也义无反顾地递交了辞呈。

　　离开雷曼兄弟时，施瓦茨曼庆幸自己的银行账户上已经积累起了20万美元的数字，加上彼得森手上的20万美元，施瓦茨曼主动向对方提出合资成立一家小型并购公司的建议，得到了彼得森的积极回应和认同。半个月之后，只有两个合伙人和两个助理的黑石公司，在没有举行任何开业仪式的情况下成立了。由于彼得森和施瓦茨曼的姓氏分别嵌着德文中"黑色"和希腊文中"石头"的词义，为了表示对两人祖籍的一种纪念，他们就将自己的新公司取名为"黑石"。

黑石公司成立之初，除了两位创始人的40万美元之外，没有其他投资，倔强的施瓦茨曼硬着头皮一家接着一家地敲开他自己认为可能投资的客户的大门。被史蒂夫·施瓦茨曼的坦诚和抱负所打动，美国保险及证券巨头保德信公司决定尝试性地投下1亿美元，正是这笔钱让后来者看到了黑石的潜力，不久之后，美国通用电气公司也投入了资金。获得了资金的黑石集团开始在华尔街迅速成长。

目前，黑石已经拥有52个合伙人和750名雇员，每年有超过850亿美元的多元化收入，集团旗下47家公司若结合起来可以逼近《财富》500强的前20名，成为当今华尔街增长势头最迅猛的金融王国。黑石集团过去5年年均利润超过10亿美元。仅2006年的盈利就高达22.7亿美元，年增长率为71%。如果以2006年的盈利计算，黑石集团每位员工为公司赚了295万美元，是华尔街最赚钱的投资银行——高盛公司员工的9倍。由于施瓦茨曼控制着华尔街最热门的公司，《财富》杂志将其响亮地誉为"华尔街新一代的领军人物"。

保险业巨头：
莫利斯·格林伯格

莫利斯·格林伯格（1925–）是美国国际集团(AIG)的总裁。AIG是美国最大的商业及工业保险公司，也是世界上最大的保险公司之一。而格林伯格则是美国保险业的传奇人物，他对美国保险业有着巨大影响。多年来，由于在保险业的成功，使格林伯格赢得了很高的声望和广泛的尊重。在1999年，格林伯格被保险学院命名为当年的保险领袖。

格林伯格1925年出生于纽约，1944年参加了二战的诺曼底登陆，当时只有19岁。军旅生涯对格林伯格的性格和管理风格有着重要的影响，从AIG公司的发展历史上，可以清晰地看到军事战略在其中的运用。

格林伯格回到纽约后需要寻找一份工作养家，他到大陆保险公司去面试。

他的第一次面试不够顺利，被拒绝了。但他并没有因此而沮丧。他设法找到了公司的一位高级经理陈述他的想法，那位经理由于他的坚持不懈而对他另眼相看，于是他获得了一份承保员的工作。格林伯格在大陆保险公司工作了8年。1960年他加入了AIG公司，很快就得到了公司总裁斯达的赏识，从此青云直上。1967年，格林伯格升任AIG公司的总经理，当时他只有42岁。

集中控制是格林伯格管理风格的一部分。在一个像AIG这样的大公司里，如果没有令出必行的作风，公司必然会是一盘散沙。格林伯格将军式的作风为公司带来了效率。为了加强对公司的控制，他每年花大量的时间审核各个部门和分支机构的年度计划。他的另一个管理风格是鼓励创新。他认为，每个人都必须有动力去提出新的想法，这样才能保持一个公司的长久成功；别的公司能模仿AIG做的事，却不能模仿AIG如何思考；要想走在别人前面，就要永远保持创新。只要符合集团战略方向并且利润指标不错，格林伯格就会给他的经理们相当大的自由去按他们的方式经营。

兼并一直是格林伯格发展公司的重要手段。多年来，格林伯格指导AIG进行了一些世界范围内的大规模兼并。近年来最著名的是1998年180亿美元的太阳美洲保险公司(SunAmerica)的兼并和2001年230亿美元的美国通用保险公司的兼并。为了保持高速增长，AIG在未来可能会兼并更多的公司。

在格林伯格的领导下，AIG公司成为世界保险和金融服务的领导者，也是全球首屈一指的国际性保险服务机构。AIG公司的业务遍及全球一百三十多个国家及地区，其成员公司通过世界保险业最为庞大的财产保险及人寿保险服务网络开展业务。2005年，AIG公司成为世界上市值最大的保险公司。

"庞氏骗局"玩家：
伯纳德·麦道夫

伯纳德·麦道夫（1938-）出生在纽约一个犹太人家庭，他与露丝·麦道夫结婚并有两个儿子——马克和安德鲁。麦道夫在纽约有几个家。其中的两个是在长岛的罗斯林和蒙托克，他主要居住在曼哈顿上东城，住宅的价值超过500万美元。他还在棕榈滩、佛罗里达州和法国拥有住房。

麦道夫是前美国基金经理人。1960年，麦道夫在华尔街创建了BernardL.Madoff投资证券有限责任公司并担任该公司的主席。麦道夫的经营行为是典型的华尔街骗局，被称为"庞氏骗局"。简单地说，这个骗局就是通过许诺无任何保障的投资收益来不断地骗取投资。

为了实现这一诈骗计划，麦道夫进行了精心的包装：他利用高尔夫球会所和奢华的鸡尾酒会建立了广泛的人脉网络，将自己的基金包装成为一个带神秘色彩的排外性的高级投资工具。想要成为麦道夫的客户，有点类似于加入一个门槛很高的俱乐部，光有钱没人介绍是不行的。在很多人看来，把钱投给麦道夫已经成为一种身份的象征。就算加入后也没有人知道麦道夫的投资策略到底是什么，而如果有人问得太多，麦道夫会把他踢出局。麦道夫的客户包括富豪、对冲基金、大型机构投资者甚至欧洲的一些银行。在很多投资老手们看来，向麦道夫的公司投资，他们担心的不是损失金钱，而是损失赚钱的机会。麦道夫还树立了"投资必赚"的口碑，他每年按照10%的报酬率支付利息，从不间断，当然，这些投资报酬实际上来源于投资者的本金。为了尽可能多地吸收资金，麦道夫利用"老鼠会"的形式发展下线，通过这种手段，他所吸取的资金高达500亿美元。

对投资机构与华尔街上流人士来说，麦道夫的投资一直很有吸引力，其客户平均每月曾有过近2%的盈利纪录。面对金融危机的蔓延，麦道夫再也无法支撑下去了。2008年12月5日，麦道夫向他的一个儿子透露，客户要求赎回70亿美元投资，令他出现了资金周转的问题。12月9日，麦道夫突然表示提早发放红利。对此，麦道夫的儿子感到可疑，第二天在公司便向父亲询问，当时麦道夫拒绝解释，指示两人到其寓所再谈。同日，麦道夫在寓所向儿子承认，自己炮制的是一个巨型金字塔层压式"庞氏骗局"，前后共诈骗客户500亿美元。

2008年12月11日，联邦调查局根据麦道夫两个儿子的线索逮捕了他，并指控麦道夫犯有证券欺诈行为。在遭到逮捕的前一天，麦道夫告诉公司员工，公司的管理和咨询部门的业务"基本上是一个巨大的庞式骗局"。

麦道夫丑闻是美国历史上最大的个体诈骗案，它波及了世界各国的投资者，许多西班牙、法国、瑞士、意大利、荷兰和其他国家的银行都已宣布，他们因麦道夫丑闻的损失可达到数十亿美元。

华尔街上空的鹰：安迪·凯斯勒

安迪·凯斯勒是华尔街新一代投资大师，他以擅长投资技术股而闻名。在美国2000年的网络泡沫中，安迪·凯斯勒始终保持清醒的头脑，及时地从疯狂的市场中撤出了资金，成为了华尔街上的大赢家。安迪·凯斯勒现在是对冲基金的经理，被称为"华尔街上空的鹰"。

安迪·凯斯勒毕业之后在美国贝尔实验室从事技术工作。后来，一个偶然的机会让安迪·凯斯勒踏入华尔街的潘恩韦伯证券公司去面试。当时，安迪·凯斯勒对面试他的研究主管说："我连套西装都没有，对财务一窍不通，只懂技术。"出人意料的是，潘恩韦伯证券公司以他在贝尔实验室年薪的3倍为代价雇佣了他。

安迪·凯斯勒在潘恩韦伯证券公司担任技术股票分析师。在开始的6个月里，他的分析似乎全错了。他在撰写的第一份研究报告里，对芯片股给出了"持股观望"的建议，并在一周后修正为"卖出"。时逢1985年10月，行情火热，这个建议让上司大吃一惊。凯斯勒却认为芯片行业的复苏只是表象，由于此前两年产业过度扩张，加之日本厂商的低价倾销，其前景不容乐观。这个大胆的建议得到公司一位以苛刻著称的重要客户的赞赏，却遭到股票经纪人愤怒的质疑。那些被建议卖出的股票还在涨，但凯斯勒不打算改变观点。他坚信，身为分析师，你必须比别人更早做出预测，而不是报道已发生的事实。1986年春，芯片股开始下跌，并且跌到5年来最低水平。半年以后，一直忍受着嘲笑的凯斯勒终于得到了回报。曾经激烈指责过他的同事开始祝贺他；客户惊惶失措地询问他股价何时才能到底；《华尔街日报》、《巴伦周刊》、《商业周刊》纷纷采访他对产业的看法。到了1986年7月份，凯斯勒认为"芯片股大屠杀"已基本结束，对英特尔和摩托罗拉提出了"买入"建议。然而，就在当天，这两家公司的股票双双下跌。一周后，英特尔公布了盈利数字：亏损1亿美元！英特尔的股价快速下挫，一直跌到16美元一线。凯斯勒从这些现象中看到的是公司营运成本的陡降。1987年1月，芯片业整体复苏。英特尔股价一路走高，直到60美元。安迪·凯斯勒对于"芯片股"精准的预测使他进入了"全美研究分析师排名"的前三位。

　　1996年，凯斯勒与原在J·P·摩根公司任职的朋友弗雷德一道，开始运作一笔小型对冲基金。在几位投资者的慷慨解囊下，基金的初始规模为1 100万美元。凯斯勒的基金主要投资于小型公司。当大多数对冲基金沉迷于追随热点挣上30％时，他考虑的却是那些技术很好、管理优秀，但总有某种障碍导致它们受到投资者冷落的公司。他关注这些障碍的变化，因为一旦障碍消失，就意味着5倍甚至10倍的价值上涨空间。这种长期投资理念在热衷于快速流动操作的对冲基金丛林里等同于异端，但凯斯勒却乐此不疲。

凯斯勒很快迎来了收获季节。1998年，在渡过市场动荡期后，安迪·凯斯勒精心挑选的股票几乎全部升值，买进时每股价格不超过1.5美元的General Magic，最高的抛售价格是14美元；6美元买进的Real Network涨到了30美元；同样是6美元投资的Inktomi，涨到了36美元；连表现最差的伊兰科技公司的股票也从3美元涨到4.5美元。1998年，他们的基金资产规模达到1亿美元，年综合增长率为45%。

1999年又是凯斯勒的一个丰收年。那家在1998年表现最差的伊兰科技公司，凯斯勒在低位继续加仓，后来在100~200美元的高位逐步抛出；当初18美元投资的Alteon股票，价格也超过了100美元。1999年一季度，凯斯勒基金的盈利达到了32%；二季度，基金盈利达到了52%；三季度，基金盈利继续上涨20%，最终以377%的年收益率，名列对冲基金排行榜第四位。这家1996年以1 100万美元初始规模起步的基金，在运作了3年后，资产规模已近十亿美元。

2000年第一季度，凯斯勒基金的盈利又上升了40%。此后18个月里，他们按照预定计划，坚决逐步卖出持股，强制投资人收回他们的投资。到了年底，华尔街网络股泡沫在癫狂中爆破，许多弄潮儿被吞噬，凯斯勒则奇迹般地"逃脱"，全身而退。

华尔街机构

　　华尔街上机构的成长经历，实际上是一部华尔街上兼并收购的历史。现在，在华尔街上呼风唤雨的机构大多数都是经历了无数次购并而成长起来的。华尔街上机构的兴衰与华尔街的每次大的波澜相吻合，印证了金融行业的风险特征。实际上，金融机构经营的本质是"保守"，在"保守"中保护自我，寻找发展的机会。历史证明，华尔街上的金融机构一旦脱离了"保守"这一经营宗旨，就将遭到灭顶之灾。2008年的金融危机使得华尔街上的百年投行申请破产，其他大型投行转型经营，这些事实更应该促使华尔街机构的经营者们深入思考这个行业的本质特征。

华尔街日报

《华尔街日报》是美国乃至全世界影响力最大的财经类报纸，它侧重于金融商业领域的报道，是人们了解世界金融市场及经济发展的重要工具。目前，《华尔街日报》的日发行量达到了 200 万份。《华尔街日报》针对不同地区推出了亚洲版、欧洲版和网络版，每天有大约 2 000 万人通过《华尔街日报》来了解世界金融信息。

《华尔街日报》的创始人是查尔斯·道和爱德华·琼斯，他们在 1882 年成立了"道·琼斯公司"，以替商业客户收集和摘抄商业信息为主要业务。19 世纪末正值美国经济飞速发展的高峰，"道·琼斯公司"的业务量不断扩大。公司的两位所有者在 1889 年正式创办了《华尔街日报》，以适应美国商人对信息日益增大的需求。

创办初期的《华尔街日报》发行范围非常狭窄，在很长时间内也没有形成自己的风格。直到 1931 年，巴尼·基尔格尔担任该报的主编，《华尔街日报》才正式进入了发展壮大的黄金时期。在这位主编任职期间，《华尔街日报》进行了如下改革：在不影响表意的前提下，用平实的语言报道商业信息；提供对来自政府的新闻的详细报道；避免使用艰深晦涩的商业术语和行话；扩大报道范围，不仅仅局限于经济领域的报道等。这些改革措施奠定了《华尔街日报》后来的风格。到基尔格尔去世的时候，报纸的日均发行量已经超过了100万份，成为全国性的主流大报，并对美国和全世界的商业、金融领域产生了巨大而持久的影响。

《华尔街日报》的报道风格以严肃见长。在编辑风格上始终采用传统的黑白灰三种配色，直到1991年才在广告部分出现过少量的彩色。报纸上绝大部分内容为文字报道，图片新闻很少。《华尔街日报》始终是美国最高端的报纸，其读者群的平均家庭年收入是15万美金。

《华尔街日报》以深度报道见长，对题材的选择也非常谨慎。该报记者选题的平均周期为6个星期。1999年，在一次评选"走向21世纪的美国21种最佳报纸"的活动中，《华尔街日报》以"其调查性报道所保持的高品质和挖掘精神"而名列第三。

现在的《华尔街日报》共有96版，分为5个部分：第一部分是美国特写、国际商业新闻和美国政治经济报道；第二部分是健康、媒体、工业和科技领域报道；第三部分是投资、理财和国际金融市场分析；第四部分是个人投资和文化报道；第五部分是各类咨询。

高盛公司

高盛公司是华尔街上一家大型的银行控股集团公司，被美国《财富》杂志评为世界500强企业。高盛公司的业务涵盖投资银行、证券交易和投资管理，服务的主要对象为企业、金融机构和政府。高盛公司的业务地域可以分为美国、亚太地区和欧洲三大块，在全球23个国家都有高盛公司的业务代表处。高盛公司在美国政界具有较高的影响力，号称美国政要的"黄埔军校"。美国前任财政部长鲁宾和保尔森都来自高盛公司。

高盛公司成立于1869年，最初从事商业票据交易，创业时只有一个办公人员和一个兼职记账员。其创始人马可斯·戈德曼每天沿街打折收购商人们的本票，然后在某个约定日期里由原出售本票的商人按票面金额支付现金，其中的差额就是戈德曼的收入。

高盛公司在20世纪30年代由于业务发展失控险些破产，后来通过几任管理层的不懈努力，用了30年的时间才恢复元气。到20世纪70年代，高盛公司凭借在企业兼并中充当反收购专家的角色而成为华尔街上的主要投资银行。

1981年，高盛公司收购了J·阿朗公司，进入外汇交易、咖啡交易以及贵金属交易的市场，这标志着高盛多元化经营战略的开始。超越传统的投资银行代理和顾问业务，高盛公司开始有固定收入了。

20世纪90年代，高盛公司的管理层意识到，只靠做代理人和咨询顾问，公司不会持久繁荣，于是又开设了资本投资业务，成立了GS资本合作投资基金，依靠募集来的资金和公司的自有资产，在证券市场进行5~7年的长期投资。高盛在1994年投资13.5亿美元购买了"拉夫·劳伦公司"28%的股份并参与管理。3年后，高盛公司出售了"拉夫·劳伦公司"6%的股份，套现到4.87亿美元，剩余股份后来升值到了53亿美元。短短3年内，高盛的资本投资收入翻了近十番。

1998年，华尔街股市低迷，高盛公司错过了公开上市的机会，这使得高盛公司成为华尔街为数不多的合伙制投资银行。

近年来，高盛公司在中国的业务发展迅猛。它是第一家获得上海证券交易所B股交易许可的外资投资银行，也是首批获得QFII资格的外资机构之一。高盛公司多次在中国政府的大型全球债务发售中担任顾问及主承销商。高盛还是第一家中标协助中国处理不良资产的外资机构，也是第一家完成不良资产国际销售的外资机构。目前，高盛公司在一家中国证券经纪公司——"高盛高华"中持有股份，它还为中国石油、平安保险和中国银行的海外上市担任主承销商。

2008年9月，受到美国金融危机的冲击，高盛公司变更为"银行控股公司"。

摩根士丹利银行

摩根士丹利银行被财经界俗称为"大摩",是一家成立于美国纽约的国际金融服务公司,提供包括证券交易、资产管理、企业合并重组和信用卡等多种金融服务。目前,摩根士丹利银行在全球27个国家的六百多个城市设有代表处,雇员总数达到5万人。摩根士丹利银行是世界500强企业,是华尔街上首屈一指的投资银行。

摩根士丹利银行原是摩根大通银行中的投资部门。1933年,美国"大萧条"危机之后,国会通过了《斯蒂格尔法案》,禁止金融类公司同时提供商业银行与投资银行服务。在这种情况下,摩根士丹利于1935年作为一家提供投资银行服务的独立公司,从摩根大通银行中分离出来,原先的摩根大通银行转变为单纯的商业银行。摩根士丹利银行在20世纪70年代迅速扩张,雇员从二百五十多人迅速增长到一千七百多人,开始在全球范围内发展业务。1986年摩根士丹利银行的股票在纽约证券交易所挂牌交易。

进入20世纪90年代,摩根士丹利银行进一步扩张,1997年兼并了西尔斯公司旗下的投资银行"添惠公司",并更名为摩根士丹利添惠公司。2001年公司改回原先"摩根士丹利"的名字。

在2001年的9.11事件中，摩根士丹利银行丧失了其在世界贸易中心120万平方英尺的办公空间。现在已经在曼哈顿附近新购置了75万平方英尺的办公大楼作为其全球总部。

2009年，摩根士丹利银行与花旗银行旗下的美邦证券合并，成为全球最大的投资银行。新成立的"摩根士丹利美邦公司"在全球有764个办事处，拥有900万美国客户，共有14 133个理财顾问，为客户提供各项理财服务。目前"摩根士丹利美邦公司"管理客户的资产高达1.323万亿美元。

摩根士丹利银行在我国的香港、北京和上海都设有办事处，还与中国建设银行合资组建了"中国国际金融有限公司"。近年来，摩根士丹利银行为多家中国公司的海外上市提供了服务，包括中国联通、中石化和中国电信等。

2008年9月，受到美国金融危机的冲击，摩根士丹利银行变更为"银行控股公司"。

美林证券

美林证券是世界上最大的证券零售商和投资银行之一，是华尔街上的第三大投资银行。美林证券的总部位于纽约市，在全球有超过700个办公室及15 700名财务顾问，为个人及企业提供以一流的规划为基础的财务顾问与管理服务。美林证券所管理的客户资产总值达1.7万亿美元。美林证券在世界债务市场中占据主导地位，曾经在世界负债业务中排名第一。自1980年以来，美林证券一直是免税证券的首席高级经理。2006年，美林证券长期债券的保险额就达到了2 200亿美元。美林证券的业务机构提供投资银行、证券经纪、共同基金、保险、信托、年金和清算服务，是典型的"金融超市"。作为世界上最大的金融管理咨询公司之一，美林证券在企业财务界里占有一席之地。

美林证券创办于1914年，当时，美里尔正在华尔街7号开始他的证券事业。几个月后，美里尔的朋友林区加入了公司，新成立的经纪公司正式以两位合伙人的名字命名，简称"美林证券"。20世纪20年代，美林证券一直固守在传统的投资银行业务中，公司发展较为缓慢。20世纪50年代末期，美里尔借鉴连锁经营的模式来发展业务。美林证券在全国开设了大量的分支机构，招募了大量的证券分析师，通过统一培训，为客户提供标准化的证券咨询服务。美林证券的模式带来了巨大的成功，使其一跃成为全美最大的证券经纪商。20世纪80年代，美林证券花重金挖来大批研究员和投资银行业务人员，使其并购和研究业务蒸蒸日上，在业内享有盛誉。1997年，美林证券以53亿美元收购了英国水星资产管理公司，这使美林证券成为全球最大的资产管理机构之一。

美林证券的成功不仅是凭借先进的经营模式，它还有着以诚信为原则的企业文化："顾客是公司一切行动的推动力，公司的工作就是要实现顾客的期望并提供高质量的产品，要与顾客建立起相互理解的长期关系。要尊重个性，无论是雇员还是顾客，要让每个人充分地发展。要协同工作，要形成团队精神，在顾客眼中要只有一个美林证券。无论是雇员还是经理都要正直，诚实。"

2007年，美林证券的总资产达到8 000亿美元，股东权益超过389亿美元。长期债券获得标准普尔及穆迪两家评级机构分别给予的AA-和Aa3的信用等级。

2008年9月14日，美国银行与美林证券达成协议，以440亿美元收购了美林证券。

花旗集团

花旗集团是目前世界上资产规模最大、利润最高、全球连锁性最高、业务门类最齐全的金融服务集团。现在的花旗集团是花旗银行和旅行者集团于1998年合并而成的，是美国第一家集商业银行、投资银行、保险、共同基金、证券交易等诸多金融服务于一身的金融集团。合并后的花旗集团总资产达到了12 000亿美元，净利润为178亿美元。花旗集团在全世界100个国家里有近一亿个客户及6 000万张信用卡的业务总量。

在过去的10年里，花旗集团的股票价格、盈利能力和主营业务收入的复合年增长均达到两位数字，其中盈利的增长高于收入的增长。在1998年亚洲金融危机、2001年阿根廷金融危机和反恐战争等一系列重大事件的影响下，全球1 000家大银行总体盈利水平分别下挫了14.9%和29.7%，而花旗集团仍能达到3%和4.5%的盈利增长，这充分显示了花旗金融体系非凡的抗风险能力。

花旗集团的历史可追溯到华尔街当时数家从事金融服务业的机构。首先是1812年于美国成立的纽约城市银行，它是贸易融资的先驱；其次是1873年查尔斯·巴尼在费城成立的证券经纪公司；再者就是1892年爱德华·史密斯在费城成立的一家证券公司；还有1910年成立的所罗门证券公司。

1998年，花旗银行集团与旅行者集团以700亿美元合并。花旗银行强大的品牌优势和旅行者集团卓越的管理能力，产生了巨大的协同效应，整个花旗集团成为"能够跳舞的大象"。在花旗集团红雨伞商标下聚集了众多金融业的品牌，包括：花旗银行、旅行者集团、美邦证券和城市金融银行。这些经久不衰的品牌互相整合，使花旗集团能够提供全方位的金融服务。

花旗集团目前是全球公认的最成功的金融服务集团之一。由于花旗集团是世界上全球化程度最高的金融服务连锁公司，因此在全球金融服务业盈利与成长速度最高的企业中连续占据领先地位。花旗集团的每位客户到任何营业点都可得到储蓄、信贷、证券、保险、信托、基金、财务咨询、资产管理等全能式的金融服务，平均每位客户的产品数在全球同行企业中排名第一。花旗集团的客户关系服务网络是其不可估量的一种资源，花旗集团的前任CEO桑迪·韦尔就曾骄傲地说过："这个网络是我们唯一拥有的真正有竞争力的优势，不管你到世界的任何一个地方，你都可能找到一家花旗银行的机构为你服务。"

凯雷集团

凯雷集团成立于1987年，其创始人为大卫·鲁宾斯坦和史蒂芬·诺里斯。凯雷集团是一家私募股权投资公司，其主要业务包括企业购并、房地产、杠杆财务以及风险投资。凯雷集团所投资的产业范围遍及航空、国防、消费零售、能源、医疗保健、科技、电信、媒体以及运输业。凯雷集团被称为"总统俱乐部"。美国前任总统老布什、英国前首相梅杰、菲律宾前总统菲德尔·拉莫斯、美国前证券与交易委员会(SEC)主席阿瑟·列维特、金融大鳄乔治·索罗斯都曾在集团挂职。凯雷集团拥有较深的政治背景。在这个"俱乐部"的投资者中，也包括刚刚卸任的小布什总统。

凯雷集团最早的发起人是史蒂芬·诺里斯。他在担任"马瑞拓并购公司"的税务负责人时，发现收购阿拉斯加因纽特人的公司能够合理避税，这让他由此投身于私人股权投资业务。史蒂芬·诺里斯通过前卡特总统的助理大卫·鲁宾斯坦的政治背景和人脉，募集了第一批投资人，这就是凯雷集团的起点。

凯雷集团早期并不算成功，直到在老布什担任美国总统期间才崭露头角。老布什家族实际控制了凯雷集团。当时任国务卿的詹姆斯·贝克曾担任凯雷集团高级顾问并成为其大股东，美国前国防部长弗兰克·卡路奇曾任凯雷集团的董事长，前白宫预算主任迪克·达尔曼也曾担任其顾问。尽管凯雷独特的政治背景使其业务上有着诸多便利，但是当凯雷完成早期的一系列交易之后，其最大的基金也不过1亿美元。为解决资金问题，凯雷集团请来了金融投资界最负有盛名的乔治·索罗斯为其有限责任合伙人。在乔治·索罗斯的号召之下，凯雷集团的资金筹集突然变得非常容易。1990年，通过政治和金融的"完美结合"，凯雷集团从美国陆军那里赢得了200亿美元的军火合同，凯雷集团借此才真正起飞。

目前，凯雷集团总共拥有28支不同类型的基金，管理着超过800亿美元的资产。自1987年创立以来，凯雷集团已经投资130亿美元在亚洲、欧洲和北美用于公司并购及创业投资等。目前，凯雷集团已在全球的策略性投资中获得了巨额利润，给投资者的年均回报率高达35%。

2004年4月，凯雷集团在上海开设了它的首个中国大陆办事处。凯雷在中国的投资对象包括携程网、太保人寿、上海分众传媒、上海华亚微电子公司、上海太平洋百货连锁等。

KKR公司

1976年，克拉维斯和表兄罗伯茨以及他们的导师科尔博格共同创建了KKR公司，KKR公司的名称正是源于这三人姓氏的首个字母。KKR公司是以收购及重整企业为主营业务的股权投资公司，它最擅长管理层收购。KKR公司的投资者主要包括企业、公共养老金、金融机构、保险公司以及大学基金。在过去30年中，KKR公司累计完成了146项收购，交易总额超过了2 630亿美元。

克拉维斯、罗伯茨表兄弟在20世纪70年代初一起进入了贝尔斯登的企业金融部，在那里他们遇到了科尔博格。此后他们利用借贷资金收购了一些经营状况良好或者拥有优良资产的公司，获得了丰厚的回报。

1976年，KKR公司成立。他们最初的观念是在管理层的支持下进行收购，收购后保留管理层继续为企业服务。1984年，KKR公司收购了一家有线电视公司，交易总金额达到了24亿美元，在投资仅为250万美元的情况下，KKR公司得到了惊人的2 300万美元的回报。后来，克拉维斯和罗伯茨发现，即使没有管理层的支持，凭借强大的资金优势也能够达到目的，于是KKR公司开始在华尔街公开募集"收购基金"。1986年里KKR公司设立了一个规模达到10亿美元的基金，它是华尔街上有史以来最大的股权投资基金。凭借资金的优势，KKR公司开始寻找大手笔的交易机会。

1988年5月，KKR公司花费了18亿美元收购了劲霸电池公司。KKR公司保留了该公司的全部管理层，并通过股票期权对管理层进行激励。收购后，劲霸电池公司的业绩快速增长，并于1991年公开上市。1996年，KKR公司将手中持有的劲霸电池股票出售给了吉列公司，获得了54亿美元的利润。

1988年，美国烟草及食品工业巨头RJR-纳贝斯克公司的管理层准备将这家公司私有化。KKR公司得到消息后，立即组织了一个投标集团开始竞标。华尔街上几乎所有的投资银行都参加了这场竞争，当时希尔森证券公司、第一波士顿公司以及福斯特曼基金都是KKR公司的强大竞争对手。经过三轮投标，KKR公司最终动用20亿美元的资本，以250亿美元的代价获得了RJR-纳贝斯克公司，使它成为一家私人公司。这场战役奠定了KKR公司在杠杆收购中的"王者"地位。

KKR公司目前资产规模达到了590亿美元，是世界上第二大私募股权投资公司。

美国证券交易委员会

美国证券交易委员会（Securities and Exchange Commission）英文缩写为SEC，是直属美国联邦政府的独立的准司法机构，负责美国的证券监督和管理工作，是美国证券行业的最高行政机构。

美国证券交易委员会是1934年依据证券交易法成立的美国联邦政府专门委员会，旨在监督证券法规的实施。委员会由5名委员组成，设主席1名，主席每5年更换一次，由美国总统任命。为了保证交易委员会的独立性，委员会成员不得有3人以上来自同一政党。美国证券交易委员会的管理条例旨在加强信息的充分披露，保护市场上公众投资利益不被玩忽职守和虚假信息所损害。美国所有的证券发行，无论以何种形式出现，都必须在委员会注册；所有证券交易所都在委员会的监管之下；所有投资公司、投资顾问、柜台交易经纪人、做市商及所有在投资领域里从事经营的机构和个人，都必须接受委员会的监管。

在20世纪20年代，证券市场上的一些公司利用不公开向投资者提供相关信息的手段来获得巨额利益，导致了美国1929年10月的股市崩盘，使得投资者的利益遭到了巨大的损失。鉴于上述情况，美国国会分别通过了《1933年证券法》和《1934年证券交易法》，法律明确规定，上市公司要公允地公开企业状况以及证券情况，并以保护投资者的利益为首。1934年，美国总统富兰克林·罗斯福任命了约瑟夫·肯尼迪（肯尼迪总统的父亲）为首任证券交易委员会主席。

证券交易委员会的总部设在华盛顿特区。拥有5名总统提名、国会通过的委员。证券交易委员会下设4个部门、18个办公室，有职员三千一百多名。另外，证券交易委员会在全国还有11个分支机构。

证券交易委员会中的委员任期为5年，在委员会中依次替换，因此每年的6月5日都有一个更新。在5个委员中，总统要指派一名主席出来作为最高的决策者。委员主要执行以下职责：解释联邦证券法、修正已有的证券法律、加强实施法律法规以及接受媒体监督。

房利美

房利美(Fannie Mae)的全称叫做"联邦国民抵押贷款协会"。房利美的主营业务是向美国公民提供住房按揭贷款和担保。2007年，房利美的资本额达到了8 825亿美元，年营业额达到448亿美元。房利美目前是美国最大的"资产证券化"金融产品的主要发行商，它在美国"次贷危机"中遭受了巨大的损失。

房利美创立于1938年，当时是由联邦政府出资创建，其经营宗旨是为购买住房的美国公民提供融资服务。1944年，房利美的权限扩大到了贷款担保，公司主要由退伍军人负责管理。1954年，房利美发展成为股份制公司。1968年，罗纳德·拉宾成为房利美的总裁，在他就任的30年内，修改了公司的章程，使之成为一个私有的股份制公司。1970年，房利美股票在纽约证券交易所上市。1984年，房利美首次在海外发放公司债券，从此公司的业务进入国外金融市场。

虽然房利美从事住房按揭贷款业务，但是它属于非银行金融机构，因而不能像商业银行那样通过吸收储蓄存款来扩大其资金规模。为了持续性地开展业务，房利美将其手中的住房按揭贷款打包在市场上出售。通常的做法是将到期期限和安全等级相近的贷款组成一个"资产池",然后以这些资产为抵押发行组合债券。组合债券一般分为"优先级债券"和"次级债券"。"优先级债券"是优先偿付的债券,资产池中回收的利息和本金将优先偿付给"优先级债券"的持有人,因此"优先级债券"风险较小,等同于高等级债券。"次级债券"是在优先级债券偿还完毕后如果还有剩余的资金才偿付的债券,由于"次级债券"具有较高的风险,因此它必须支付较高的利息才能吸引别人购买。房利美每年都向市场出售巨额的债券组合,它是美国"次级债券"的最大出售者。

2001年到2005年期间,美国的基准利率长期处于低水平,这导致美国掀起了一轮住房消费热潮,许多美国家庭同时按揭了几套住宅进行投资,由此产生的"次级债券"的规模也迅速增大。2006年,美国联邦储备局为了抑制通货膨胀,连续调高基准利率,这使得美国购房者费用支出大幅度增加,出现了房贷大面积违约的情况。大量住宅被金融机构在市场上拍卖,加剧了住宅价格的下跌。原先依靠住房者还款的"次级债券"由于现金流的枯竭而变成了废纸,在这个链条上的所有投资者都遭受了巨大的损失。

富兰克林邓普顿基金集团

　　富兰克林邓普顿基金集团是世界上最大的基金管理公司。截至2006年1月，富兰克林邓普顿基金集团管理的资产超过4 835亿美元，是世界上多家著名基金的管理人。富兰克林邓普顿基金集团的股票在纽约证券交易所、伦敦证券交易所以及太平洋证券交易所挂牌交易，是第一家被纳入S&P500指数成分股的资产管理公司，也是全球市值最高的基金管理公司。

　　富兰克林邓普顿基金集团于1947年由鲁帕特·约翰逊在纽约创立，迄今在投资管理行业已有近六十年的历史。公司最早以美国开国元勋之一、稳健理财的最早倡导者——本杰明·富兰克林的名字作为公司的正式名称，兼并了邓普顿基金管理公司之后，更名为富兰克林邓普顿基金集团。

　　富兰克林邓普顿基金集团历史悠久，特别注重投资研究的实力。目前旗下有210位研究分析师以及140位基金经理，负责管理着将近二百五十支基金，五十多个研究机构遍布28个国家，集团员工总数达到7 300人，能精准掌握全球最新的金融动态，为全球一百多个国家的近一千万名投资者提供全面的理财服务。集团旗下的富兰克林系列、邓普顿系列、互惠系列和丰信国际信托系列基金投资风格迥异，各有所长，为投资人提供全面而多元的理财服务。除了擅长于股票投资外，富兰克林邓普顿基金集团在债券上具有丰富的操作经验，使其成为全球多家保险公司、退休基金的投资管理人，它是美国最大的免税债券基金的投资管理人。

多年来，富兰克林邓普顿基金集团获得了行业诸多奖项，是业内获奖最多的基金管理公司。"富兰克林高成长基金"获得3年和10年期"最佳美国股票型基金奖"；"富兰克林邓普顿全球债券基金"获得3年和5年期"最佳全球债券型基金奖"；"富兰克林潜力组合基金"获得3年期"最佳全球新兴市场股票基金奖"。

近年来，富兰克林邓普顿基金集团开始在亚洲拓展资产管理业务，目前，该集团是亚洲第四大投资机构。2005年，富兰克林邓普顿基金集团与我国的"国海证券"共同设立了国海富兰克林基金管理有限公司。

美国联邦储备银行

美国联邦储备银行（美联储）是世界上最具实力的银行，是世界上美元和黄金最多的地方。

美国联邦储备银行，实际上包括20家银行及其分布在全美各地的25家地区分行。每个联邦储备银行都有一个由9名董事组成的董事会，他们被分为A、B、C3组，每组3名成员，代表着不同的利益群体。A组代表的是联邦储备系统中作为会员的商业银行集团，B组和C组则代表公众集团。A组和B组的董事从该储备区会员银行中选举产生，C组董事由联邦储备委员会任命，董事会的董事长由联邦储备委员会任命一位C组中的董事担任。另外，B组和C组中的董事不能在会员银行中担任其他的职务，而C组董事更是连会员银行的任何股份都不准持有。

联邦储备银行的行长和第一副行长由董事会董事提名，经联邦储备委员会批准后方可上任。而联邦储备银行分行的董事会则由5~7名董事组成，其中多数由上级的联邦储备银行任命，剩下的少数则由联邦储备委员会任命。

美国联邦储备银行由一个7人组成的总裁委员会负责管理，所有委员均由总裁予以委任。每个委员的任期长达14年。总裁委员会下设1名主席和1名副主席，其任期均为4年。由12名委员组成的联邦公开市场委员会（FOMC）则是一个具有重要影响力的组织，该委员会每年召开8次会议，研讨美国的经济和货币政策。

尽管它最初设立的目的是为了稳定和保护美国的银行系统，但其目前的主要职责却是控制通货膨胀。根据美国联邦储备银行的章程，它的目的是"为了帮助消除通货膨胀和通货紧缩的影响，并积极参与创造环境，促进高就业率、稳定物价、国民经济增长和不断提升的消费水平"。

美国联邦储备银行的另一项重要职责是推动资金在银行系统内安全高效地流转。迄今为止，通过鼓励在电子转账等领域进行科技创新，美联储已大大提高了支付系统的效率。

美国联邦储备银行对于美国经济的调控主要有三大法宝：第一，美联储可通过买卖美国国债来抑制通货膨胀或刺激通货紧缩。当它买进时，货币供应量便增加；当它卖出时，货币供应量则减少。第二，美联储可要求商业银行保留一定百分比的资金作为"储备金"，这些储备金或是金库里的现金，或是存在美联储的"储备金结算"特别账户中的资金。由于银行不能动用储备金，因而美联储可通过改变储备金的要求比例，引导银行向市场出借更多或更少的资金。银行需要储备的资金越多，它们可出借的资金就越少，贷款的利率就越高，需要贷款的零售、建筑等行业所受到的制约也就越大。最后，美联储会设定一个贴现率，银行可根据这一利率向美联储借款。银行可向美联储的"贴现窗"借款，从而有更多的资金用于出借。

联邦储备银行受联邦储备委员会及美国国会的监督。另外，和联邦储备委员会一样，为更好地履行相应的职责，各个联邦储备银行也根据自身的需要，雇佣一定数量的职员从事管理及日常工作。

雷曼兄弟公司

雷曼兄弟公司于1850年创办，是一家国际性金融机构及投资银行，它的业务包括证券、债券、市场研究、证券交易业务、投资管理、私募基金及私人银行服务，是美国国库债券的主要交易商。雷曼兄弟公司的环球总部设于美国纽约市，在世界各地也设有办事处。雷曼兄弟公司被美国《财富杂志》选为财富500强公司之一，曾经是美国第四大投资银行。

雷曼兄弟公司的创始人亨利·雷曼是卖牛商人之子。1844年，23岁的亨利从德国巴伐利亚州移民到美国，定居在阿拉巴马州的蒙哥马利，并在那里开了一家名为"雷曼"的干货商店。随着雷曼家族的兄弟伊曼纽尔·雷曼和迈尔·雷曼的到来，商号再次变更，定名为"雷曼兄弟公司"。

19世纪50年代的美国南部地区，棉花是最重要的农产品之一。利用棉花的高市场价值，三兄弟开始定期接受由客户付款的原棉贸易，最终开始棉花的二次商业贸易。几年之间，这项业务的增长成为他们经营的主力项目。1858年，由于诸多因素，棉花贸易中心由美国南方转移到了纽约。雷曼在纽约市曼哈顿区自由大街119号开设了第一家分支机构，当年32岁的伊曼纽尔负责办事处的业务。1862年遭逢美国内战，因此公司和一个名为约翰·杜尔的棉商合并，组建了雷曼杜尔公司。

在内战结束后，公司为阿拉巴马州提供财务支持以协助其重建。公司总部最终也搬到1870年创建纽约棉花交易所的纽约市。1884年伊曼纽尔设置了公司理事会，公司还在新兴市场从事铁路债券业务并进军金融咨询业。1887年，雷曼兄弟公司成为纽约证券交易所的会员。1899年，公司开始了其第一笔公开招股生意——为国际蒸汽泵公司招募优先股和普通股。

尽管提供证券服务，但一直到1906年，雷曼兄弟公司才从一个贸易商真正地转变成证券发行公司。同一年，在菲利普·雷曼的掌管下，雷曼公司与高盛公司合作，将西尔斯·罗巴克公司与通用雪茄公司运作上市。在随后的20年间，差不多有上百家新公司由雷曼兄弟公司协助上市。

利普·雷曼于1925年退休，由他儿子罗伯特·雷曼（昵称"波比"）接手担任公司领导。在波比领导期间，公司在股票市场中侧重于风险管理，这使得公司渡过了"大萧条"。1928年，公司搬到现在鼎鼎有名的威廉一街。罗伯特·雷曼于1969年去世，当时已经没有雷曼家族任何一位成员在公司任职。罗伯特的死给公司留下了领导真空，加之当时经济不景气，公司陷入了困境。1973年，贝尔豪威尔公司主席和首席执行官皮特·彼得森受聘挽救了公司。此后三十多年的时间里，雷曼兄弟公司一直处于快速发展的状态中。雷曼公司在华尔街以"好斗"而闻名，它一直是华尔街上的主要交易商。

2008年中，受到次级房贷风暴连锁效应的波及，雷曼兄弟公司在财务方面受到了重大打击而亏损，致使股价下跌到低于1美元（2008年9月17日低至0.10美元）。公司陆续裁员6 000人以上，并寻求国际间的资金进驻。2008年9月15日，在美国财政部、美国银行以及英国巴克莱银行收购谈判失败后，雷曼兄弟公司宣布申请破产保护，负债达6 130亿美元。

贝尔斯登公司

贝尔斯登公司曾经是美国第五大投资银行，它的前总部位于纽约麦迪逊大街383号。贝尔斯登公司原先的业务范围包括企业融资、兼并和收购；机构股票和固定收入证券的销售、交易和研究；私人客户服务；衍生工具；外汇及期货销售和交易；资产管理和保管服务。2006年，贝尔斯登公司的雇员人数达到了1.5万人。2005年和2006年，贝尔斯登公司被评为"全美最受尊敬的企业"。

贝尔斯登公司创建于1923年，当时的注册资本是50万美元。1929年，贝尔斯登公司成功地躲过了"大萧条"，业务开始呈现快速增长的局面。1985年，贝尔斯登公司在纽约证券交易所上市，成为华尔街上的主要证券商。

贝尔斯登公司的强势业务在固定收益证券投资上，是华尔街上CMO证券的最大投资商，一度成为华尔街上盈利能力最强的公司。2005年，贝尔斯登公司的净利润超过了10亿美元，净利润增长率连续5个季度超过20%。

贝尔斯登公司在2008年爆发的"次贷危机"中受害最深，它成为这场金融风暴中第一个由于濒临破产而被收购的公司。2008

年3月17日，美国财政部长保尔森在白宫与总统布什及其经济顾问召开的会议后对媒体表示，确保美国金融市场的有序运行是现行首要任务，与其让这家美国第五大投资银行申请破产，不如安排其被并购。为促进摩根大通达成交易，美国联储局承诺将为贝尔斯登"流动性较差的资产"提供不超过300亿美元的资金。在这一政策的保障下，摩根大通公司宣布以2.36亿美元收购贝尔斯登公司，这个报价相当于每股2美元的水平，是2007年贝尔斯登公司股票最高价格160美元的1/80。收购价格出台后，贝尔斯登公司的股东愤怒地致电政府监管部门，要求控告贝尔斯登公司的相关责任人。为了安抚股东的情绪，摩根大通公司将收购报价提高到了每股10美元。与此同时，摩根大通与贝尔斯登达成了一份股份购买协议。根据协议，摩根大通将以现金方式认购9 500万股贝尔斯登新发行的普通股，相当于贝尔斯登经扩大股本后40%的股权，价格为每股10美元。

而美国纽约联邦储备银行提供的300亿美元特别融资将以贝尔斯登公司价值300亿美元的资产组合为质押，这些资产产生的任何收益都将归联储局所有。而上述资产的任何相关损失之中，首10亿美元将由摩根大通承担，而剩余290亿美元的融资，将由联储局按目前2.5%的贴现率水平，提供融资给摩根大通。

贝尔斯登公司的终结引发了美国次贷市场的又一轮"雪崩"，华尔街上的投资银行就像多米诺骨牌一样，纷纷倒台。

美国银行

美国银行是目前美国资产规模第二大的商业银行。在2006年福布斯的排名中，美国银行是世界上第三大公司。美国银行业务收入的85%来自于美国本土。美国银行拥有美国最大的全国性零售网络，服务于亿万个个人客户和小型企业，有超过5 700个零售银行办事处和17 000部ATM机。美国银行还拥有2 100万用户的网上银行，它庞大的分支机构网络几乎覆盖了所有人口众多的大城市。美国银行还是美国头号的小型企业信贷银行，它与几乎所有的美国财富500强企业和80%的世界500强企业建立了业务关系。

美国银行的历史可以追溯到1784年的马萨诸塞州银行，是美国第二历史悠久的银行。现在，美国银行的公认创始人是意大利籍的贾尼尼。1906年，贾尼尼在美国创立了旧金山银行，该银行通过吸收意大利移民的存款成为当时旧金山银行业的领袖。1920年，旧金山银行吸收合并了洛杉矶银行，并改名为"美国银行"。二战时期，美国银行凭借为军工企业提供服务而迅速增长。在诸多的金融风险中，美国银行凭借其保守的经营理念屹立不倒。

近几年，美国银行一方面在全美范围内建立并发展了数以百万计的银企关系，另一方面，它通过几次大规模的兼并实现了快速扩张：2004年兼并富利波士顿金融公司，2005年6月入股中国建设银行，2005年6月30日以350亿美元收购了世界最大的独立信用卡发行商——美信银行。一系列的兼并收购活动使得美国银行的资产规模迅速膨胀，其业务范围也逐渐向"金融超市"过渡。

美国银行有着独特的经营理念：他们不仅认为自己是银行，更认为自己是"社会的建设者"以及"客户的邻居和朋友"。美国银行用这些概念来强调他们所从事的不仅仅是与金钱打交道的工作，更是在帮助他人与社会实现更高的目标。凭借这样的定位，美国银行树立起了良好的公益形象。"高标准"是美国银行的企业口号。这个简单鲜明的口号与美国银行的行名通常一起出现，形成了醒目的"商标"。美国银行从2000年9月开始在电视、报纸、杂志和电台进行了总价值为1亿美元、持续期长达1年的广告宣传。他们还通过各种平面媒体和户外广告进行宣传，尤其在一些重要的场所不惜投入，获得了理想效果。

美国银行一直注重服务创新。近年来，他们推出了一系列措施使得其业务快速增长：首先，在其他银行只注意以大企业为服务对象时，美国银行却把普通大众及中小企业作为是最重要的客户。美国银行推出最少仅为25美元的小额贷款，这是美国银行业史无前例的。这项业务使得昔日被各银行拒之门外的人们纷至沓来，以此带动了各项业务蒸蒸日上。美国银行的这种"聚财莫嫌金银碎"的服务模式，直接拉近了与客户的距离，提高了亲和力，也树立了以客户为中心的公众形象，从而促进了其银行业务的发展。面对美国这个移民众多的国家，美国银行特别注重将外国移民作为它的客户群体，例如拉丁美洲人、亚洲人、美洲裔非洲人的移民等。美国银行有长期为移民提供服务的历史。1928年，美国银行就在洛杉矶唐人街开设了网点，甚至配备了会说汉语、朝鲜语、越南语的员工，以吸引亚裔客户。在过去的10年中，美国银行80%的利润增长来自于上述三部分群体。美国银行还特别重视其客户的满意度，并经常对此进行调查。他们用"客户快乐"调查来衡量顾客的满意度，它是反映客户是否愿意忠于银行、是否愿意向朋友推荐银行、是否愿意使用银行更多产品的关键指标。美国银行把这个调查以及客户忠诚度、"关系客户净收入增长率"与销售额进行对比，以预测企业的未来。此外，美国银行还有一项堪称革命性的银行业务——保存零头。2005年，美国银行推出了一项被《商业周刊》称为"范式转移"的革命性银行业务：保存零头。这一业务的运作过程是：当客户使用美国银行的VISA卡进行消费时，银行将支付给客户每次刷卡消费的零头。例如，如果花费23.36美元，美国银行将取整为24美元，并将这两个数之间的差额（即0.64美元）支付到客户的储蓄账户上。美国银行对开立该业务前3个月的零头进行全额支付（上限为120美元），之后支付零头总额的5%。由于这项业务对客户具有很强的诱惑力，所以自推出以来，已有2 500万客户申请了这项服务，有超过70万的客户在美国银行开立了支票账户，并有1 000万的客户开立了储蓄账户。

美国银行能够在零售银行业务方面取得巨大的成功，与它在拓展其规模上有很好的定位具有很大的关系。在美国这样一个人们总是搬家的国度，美国银行广泛的零售网络使客户即使穿越整个国家也无需改变他们的开户银行，这无疑为美国银行赢得了抢占市场的先机；同时，美国银行先进的网上银行为互联网时代的人们提供的方便、快捷的金融服务，也是美国银行成功占据零售银行市场的重要原因。

华尔街文化

支撑美国经济和政治顺利运行的内在因素，实际上是美国的"个人主义"和"拜金主义"文化。没有上述文化的支撑，美国所谓先进的体制则无法发挥作用，这正是一些国家照搬美国体制失败的主要原因。美国的"拜金主义"文化在华尔街上表现得淋漓尽致：贪婪的投机以及合伙人制的薪酬体系都是"拜金主义"文化的缩影。文化具有传播性，它总是从一个群体中间向外传播和扩张。华尔街作为美国早期投资群体的集中地，对美国上述文化的繁衍产生了重要的作用。我们甚至可以认为，美国上述文化的精髓来源于华尔街。

快餐的起源

美国的"快餐文化"随着麦当劳的快速扩张而风靡世界。实际上，美国的"快餐文化"起源于华尔街。19世纪60年代，纽约证券交易所出现了快速的发展势头，交易所上市证券的数量大幅度增加。在每天交易所开市到收市这段时间，经纪人都处在快节奏的工作状态中。为了节省时间，华尔街上的经纪人放弃了原先绅士般的午餐习惯，转向简单而快捷的食品。在当时的华尔街上，提供快餐的饭店随处可见，一杯咖啡加上一块热狗就是经纪人最常用的午餐。这种简单快捷的就餐方式就成了现在美国餐饮文化的主要特征。

"快餐文化"已经在美国社会产生了深刻的影响。现在"快餐文化"已经成为一个社会科学名词。"快餐文化"主要是指以效率至上为原则，强调可计算性、可预测性和可控制性。简单地说，就是采用生产线上流水作业的标准化方式来解决问题。"快餐文化"既带来了效率，又带来了种种弊端。

"快餐文化"的第一个弊端就是原创性减少，它使得美国社会就像一个高速运行的机器一样，生产大量的标准化复制品。具有原创性的工作由于效率上的问题而被多数人所抛弃。有人做过这样的类比：多数美国社会学者的工作就像麦当劳的雇员一样，按照相同的质量标准去生产一篇又一篇麦当劳式的作品。结果，美国社会学产品的标准化程度远高于欧洲社会学，而具有创造性的工作少之又少。

"快餐文化"带来的第二个弊端就是提高了整个社会的风险系数。"快餐文化"讲究目标直接而单一，只要结果而不注重过程。以华尔街为例：在华尔街上的大部分从业人员追求的目标是财富，因此华尔街流行按照雇员的短期贡献来确定报酬的制度，而这种制度与金融行业高风险的特性是相违背的。这次"次贷危机"导致了华尔街上的投资银行全军覆没，其最终原因就是"快餐文化"的影响。

"快餐文化"所带来的第三个弊端就是价值观扭曲。唯利是图的拜金主义文化是"快餐文化"的化身。在华尔街上，那些拿着高薪的雇员实际正做着把粗制滥造的产品通过精美的包装销售给无辜客户的工作。J·P·摩根所倡导的诚信原则，从来没有被华尔街所真正遵守。就像一位名人所说的那样："如果有商学院的毕业生问我在哪里能够挣到大钱，我会捂着鼻子告诉他：华尔街。"

特殊的庆典方式：纸带游行

电报发明后，证券交易所用自动报价机吐出来的纸带传递价格信息，这种简单落后的信息传递方式却给华尔街留下了独特的印记。现在的华尔街，每到重大节日或游行时，街道两边的高楼上纸片会像雪花一样被人撒落下来，节日气氛也因此而达到高潮，这就是华尔街上的"纸带游行"。

华尔街的"纸带游行"起源于1886年10月29日，最开始是为了迎接自由女神像。自由女神像是由法国雕刻家维雷勃·杜克设计，并在巴黎完成的。自由女神像源于法国革命的一个故事：1851年，路易·波拿巴发动了推翻法兰西第二共和国的政变。一天，一群共和国党人在街头筑起防御工事，与政变者展开巷战。日暮时分，一位忠于共和政权的年轻姑娘，手持燃烧的火炬，跃过障碍物，高呼"前进"的口号向敌人冲去，不幸中弹牺牲。后来，这位姑娘成了法国人民追求自由的象征。自由女神像建成后，法国政府将这一标志自由的纪念像，作为庆祝美国独立100周年的礼物赠给了美国。1886年10月26日，自由女神像矗立在纽约市哈德逊河口。纽约市市民为此举行了为期3天的庆祝活动。当游行队伍走过华尔街的时候，街道两旁大楼里的人们将大量的纸带撒向游行队伍，形成了非常壮观的"纸带雨"。当时的纽约市市长受到了启发，决定将这种"纸带游行"保留下来，作为城市的一种纪念活动形式。

"纸带游行"现在已经成了华尔街文化的一部分，从国家元首到民众英雄，都接受过"纸带游行"的洗礼。如罗斯福总统访问非洲回国、查尔斯·林德伯格横跨大西洋、艾森豪威尔将军和海军上将切斯特尼·米兹的二战凯旋，以及英国的丘吉尔首相访问华尔街，都曾经领略过"纸带雨"的壮观。

现在，随着电子计算机的发展，"纸带"的来源成了问题。为了维护这一传统，每到"纸带游行"的时候，纽约市的卫生部门会为华尔街上的办公楼送去很多废纸片，让人们用来抛洒，活动结束后，再花钱清扫干净。

股票估值的文化背景

　　华尔街上的股票估值理念是一种投资文化，它代表了投资者的投资价值观。美国华尔街的股票估值分为两个理论流派，一个是"空中楼阁理论"，一个是"磐石理论"。

　　"空中楼阁理论"所侧重的是心理价值。1936年，著名经济学家、成功投资者约翰·凯恩斯首先清晰地阐释了这一理论。在他看来，职业投资者并不喜欢把全部精力投在估算"内在价值"上，而是更乐于分析大众投资者未来可能的行为模式，然后作出决策。成功的投资者总是能事先判断出最容易被大众建造成空中楼阁的投资形势，随后抢先购买股票。实际上"空中楼阁理论"认为，股票只是一种交易符号，它的价值取决于下家所愿意接受的价格。在这种理论的指导下，股票市场实际上只是一个多方博弈的场所，全部投资者在股票市场里进行着一种"零和游戏"。"空中楼阁理论"所代表的思维，目前在华尔街上还有一定的支持者，许多投资机构在衍生产品开发时所用的思想方法，就有这个理论的身影。比如目前美国泛滥的"次级贷"衍生产品就是在这个理论思想指导下而生成的。

　　"磐石理论"认为：无论是普通股还是不动产，每一种投资工具都具有被称为"内在价值"的坚实支柱。"内在价值"可以通过对现状和未来前景的细致分析获得。当市场价格低于内在价值这一磐石时，买入的机会就会出现，因为波动最终会被矫正。于是，投资就变成了一种枯燥并直接的行为，你只需比较真实价格与磐石价值。"磐石理论"的估值采用财务中贴现的方法，利用数学计算来估计股票的内在价值就可以获胜。约翰·威廉最早提出了"磐石理论"，得到了耶鲁大学教授欧文·费雪的大力支持，后来本杰明·格雷厄姆的著作《证券投资》将这一理论推向高峰。"磐石理论"最杰出的代表人物就是沃伦·巴菲特。巴菲特的成功使得华尔街上的许多投资者信奉"磐石理论"是投资的唯一真理。

实际上，华尔街上的许多业务行为都受到这两个理论文化的熏染。例如：华尔街上市公司的平均估值是年净利润的15倍，而经营中的企业买卖价格远远低于这个数字。这样购买未上市的公司并包装上市，就可以赚取这部分差价。美国社会兴起的创业投资浪潮就是在这样的利益基础上所产生的。"磐石理论"则是在理论上给出了华尔街股票估值的游戏规则。在华尔街上，如果想要真正获得成功，投资者必须研究游戏规则以外的东西。